その後の震災後文学論

木村朗子
kimura saeko

青土社

その後の震災後文学論　目次

その後の震災後文学論

序章　『震災後文学論』のあとで

忘却について

二〇一三年の暮れに、『震災後文学論――あたらしい日本文学のために』（青土社）という本を出した。「論」とは名ばかりで、二〇一一年三月一一日の東日本大震災を扱った小説や映画をずいぶんとせっかちに取り上げて紹介する本だ。じっくりと文学論らしいことを考え尽くす前に、せかせかと出版を急いだわけは、みるみるうちに震災そのものが忘れ去られていったせいもある。

前著の刊行の直前に、『フクシマ――震災の話』として引いたミカエル・フェリエの日本語訳が『フクシマ・ノート――忘れない、災禍の物語』というタイトルで出た。ミカエル・フェリエは日本語版に寄せた「まえがき」を次のように書き出している。

三年を経ずして「フクシマ」はすでに忘れられた、というのが現在の僕の印象です。「フクシマ」は今でもたしかに話題にはなります。テレビのニュースや善意に満ちた政治家の演説のなかに影のように現れ、その影響が新聞で取りざたされはします。しかし、ほんとうのところ、僕たちはすでに「フクシマ」を忘れたのです。（略）

逐われるように家を離れた何十万もの人びとの恐怖と怒りと絶望。日本でこれほどの規模の避難が発生したことは第二次大戦以来です。賠償もまだ受けられず、いつ終わるともわからない手続きと訴訟に明け暮れる被災者。それらの人びとのことを僕たちは忘れました。（ミカエル・フェリエ（義江真木子訳）『フクシマ・ノート――忘れない、災禍の物語』新評論、二〇一三年、一～二頁）

ここで言われる「僕たち」とは、東京辺りで、震災の何らかの影響を受けて、一度は変わらなければならないあるいは変えなければならないと思いはしたものの、震災前と変わらぬ生活に戻れる兆しがみえた途端に、それにしがみついた人々を指す。あれから選挙などで幾度も意思表示の機会があった。その結果と現状をみれば、確かに「フクシマ」は忘れられたようにしかみえない。福島第一原子力発電所のメルトダウンが「フクシマ」として世界で報じられ、脱原発を決めた国もあるなかで、日本では「フクシマ」という捉え方すら成立しないまま、一地方の災厄として捨て去ったのである。しかし「フクシマ」が指しているのは、地球規模で解決しなければならない論点であって、ただの一回的な事故ではない。

考えることを免れさせるための道筋は、早い段階から巧妙にしこまれていた。「絆」ということばがやたらと喧伝されたが、それは復興へ向けて一致団結することを求めていたのであって、被災者と組んで国や東京電力の責任を訴えることをサポートする方向へは進まなかった。「風評被害」ということばが流布し、放射能被害をいうことは、福島県をはじめとする東北の復興のさまたげになるとして厳しく非難され、結果として放射能被害など存在しないかのようによそおわれるようになった。「除染」ということばは、あたかも放射能被害をすっかりと洗浄できるかのような幻想を与え、その実、家の目の前に、あるいは公道のわきに汚染土の入ったフレコンパックが高々と積まれる奇妙な光景を現出させた。その上、かつて原発は爆発などしないと絶対の「安全」をあんなにも吹聴していた電力会社は、原発はちっとも安全な装置ではないと非難されると、安全対策をさっさと避難対策にすり替えて、爆発しても逃げ道はつくってあるという理屈で再稼働を進めるようになった。こうした忘却の方途は、実は戦後、幾度もくり返されてきたのではないか。

早くから忘却について問うていた小説に、長嶋有『問いのない答え』(文藝春秋、二〇一三年)[*1]がある。『問いのない答え』は、総勢三〇人を超える登場人物が入れ代わり立ち代わり焦点人物となって進み、話題が唐突に次々変わっていく、まるでツイッターのような小説だ。ここで焦点人物になるのは震災後にツイッター上でゆるくつながりをもった人たちで、ツイッターの断片性が小説のしかけになっているのである。東日本大震災が、ツイッターというメディアを最良のかたちで利用できた時代にあったことは是非にも記憶しておきたい。電話やメールのやりとりが不通

＊1　初出は『文學界』二〇一二年一〇月号。のちに、長嶋有『問いのない答え』(文春文庫、二〇一六年)。

となってもツイッターでやりとりができた瞬間があった。非常時に頼りになるメディアであったし、被災地からの発信はそこで何が起きているのかを知る手がかりでもあった。そのようななかで福島に留まっていた和合亮一のツイート、『詩の礫』*2は瞬く間にフォロワーの数を増やしていったのである。ただし和合のことばは傍観者のための単なる現地リポートなどではなかった。やるせない想いを代弁し、気持ちを重ね合わせられるような、震災に精神的に巻き込まれている者たちがまさに求め欲していたことばだった。その意味でそれは『問いのない答え』でツイッターに参加していた人々のあり方に似ていたかもしれない。

『問いのない答え』で、震災の三日後、小説家のネムオがツイッター上で、気晴らしが必要な人に言葉遊びへの参加を呼びかけた。ネムオは震災後、すっかり小説が書けなくなっていた。同じように仕事に打ち込めなかったり、震災後の抑鬱状態にあったりする人々がそれに参加していった。遊び方は、「三メートルの棒を譲り受けましたが、あなたはこれを使って『なにをしたい？』」という問いの『なにをしたい？』だけをはじめに投稿し、てんでに答えをあげたあと、問題の全文を発表し、答えのちぐはぐ具合を皆であれこれ吟味するという決まりだ。登場人物たちは半ば中毒のようにそれに参加する。参加者は全国にわたっているが、主要な登場人物は関東に住んでいる。

七海は「真っ黒い波がひいて大きな漁船が畑に横たわる、言語がおかしくなったような状況で、言語を無茶苦茶にする遊びに気晴らしどころか全力で取り組ん」でいる。地震でパソコンデスクのガラスが割れて、それ以来モニターを床において使っているというのだが、ここは東京でいわゆる被災地ではない。「なぜこんなに無気力になってしまったのか自分でも説明出来ない」という七海は仕事にも出かけず貯金を切り崩しながらパソコンの画面を眺めて暮らしている。

ツイッター上で形成される仲間たちとの交流は温かく、だれもが優しい。二〇〇四年に話題になった2ちゃんねる発祥の『電車男』が思い出された。二〇〇四年のそれでは「アキバ系ヲタク」を自称する電車男がネット上の仲間に支えられて恋人をつかんだのに対して、二〇〇八年には、掲示板に驚くほど多くの「つぶやき」を書きつけた二五歳の青年が誰にも返答をもらわぬまに一人真昼の殺人鬼と化した「秋葉原通り魔事件」が起きた。その差はなにか。ツイッターの言葉を支えとして震災後を生きる登場人物たちを描く小説なら、そのことを問わずにはいられまい。

小説家のサキは専門学校で「文芸創作」を教える講師だが、いま授業で課題にしているのは、この「秋葉原通り魔事件」の犯人加藤智大の投稿した言葉の分析である。自らが問いがはっきりわかっていないのに答えを出しつづける言葉遊びに熱中していることと重ね合わせて、サキは唐突に加藤を理解する。加藤の行動は「問いのない答え」だったのだと。「加藤はナイフを行使することで世間になにかを問うたのでなく、とにかくいきなり、なにも問われてないのに答えたんだ」。

この結論で言葉遊びのツイッターは加藤のいた掲示板と差異化される。言葉遊びには半分しか

＊2　和合亮一『詩の礫』（徳間書店、二〇一一年）として刊行されている。

明らかにされてはいないものの、誰かが問いを投げている。参加者はそれに答えている。それは呼びかけに対する応答であって、まったくの「問いのない答え」ではないのだ。

一見、震災後の小説としては無関係のようにもみえる実在の事件に言及するのは、これだけではない。女子高校生の蕗山フコ子のパートに、二〇〇七年三月の市橋達也によるリンゼイ・アン・ホーカーさん殺害事件、一九九九年三月に起きた人気歌手安室奈美恵の実母殺害事件が出てくる。偶然のように並ぶ二つの事件は、いずれも三月に起きていて、三月一一日の震災に結ばれている。あれほどワイドショーを賑わした事件も、今となっては誰もが忘れているではないか、という忘却の問題として。


悲しいことや辛いこともすべてを覚えていたら人は生きていけない。忘れるというのは人間にとって大事な作用なのだ、とかいう。誰がというのでなしに、大勢が。

そうなのかもしれない。

他方、忘れないようにという警句もこの世界にはたくさんある。ノーモア、ノーモアっていう。碑を立てて頑丈な石に彫り込む。

もうテレビは津波の映像を流さない。なかったことにしたいのではない、きっと、忘れるわけないに決まっていると考え、むしろ今は強調しすぎて怖さを過剰にあおらないよう配慮しているのだ。

でもきっと忘れる。YouTube があってよかった。

（長嶋有『問いのない答え』文藝春秋、二〇一三年、一一九頁）

一見関係がないような実在の事件は、東日本大震災という「事件」のアナロジーである。それらの事件を私たちが忘れたように、やはり震災の記憶もすっかり忘れられてれてしまうのだろうか。「ノーモア、ノーモア」が指し示す、ヒロシマ、ナガサキは標語としては忘れられていないが、本来的な意味で私たちが記憶しつづけていたのかどうかといえば、実質的には忘れていたのかもしれない。だからこそ、フクシマの被曝で、再びヒロシマ、ナガサキの問題が浮上してきたのだろう。

小説の終盤になって、原発の話題がではじめると、登場人物たちは問いと答えの関係を総括しはじめる。物語後半で、ツイッターの「言葉遊び」に被災地の高校生である一二三が参加していることを知ったサキは石巻を訪ねインタビューに出かけていく。こうしてサキは津波の被災地には行くものの、「反原発のデモに誘われていることでも、どうしようと悩んで」おり、原発の問題には二の足を踏んでいる。

原発は必要だ。断言する人がいる。原発はいらない。断言する人がいる。どっちが正しいんだ！　とまで自分の気持ちが分からないわけではない。二者は真逆のことを言っているのに、どっちにも不機嫌な気配がある。

簡単に答えを出せることではない、ずっと背負い、考え続けていかなければならない問題だという人もいる。

いつもなら、そのように答えを出さず考え続けることが一番聡明に思える。本当だろうか。

（『問いのない答え』一七七頁）

「本当だろうか」の疑問は「それはそうだという自分の物わかりのよさ」に対する疑いである。サキの投げかけた疑問は、主要登場人物のネムオの思考に引き継がれていく。「原子力発電所の建屋の屋根が吹き飛ぶ映像が放送された翌日から、野乃原はすべての仕事を放り出して失踪した」というネムオの友人の野乃原が姿を現したというくだりだ。無計画にとりあえず西に逃げて、結局は住んでいた場所と同心円上の距離はさほど変わらぬ実家に身を寄せていた野乃原を「ただのダメな男の軌跡」と笑いながら、ふとネムオは「本当にそうだろうか」と思う。

あのとき、仕事を放って逃げたのが一番、もっとも正しいふるまいだったんじゃないか。むしろなぜ、多くの人が会社にいったり、仕事をしたりしているんだ？　あんなことがあってなお。

（『問いのない答え』二四五頁）

『問いのない答え』は、答えが予め目の前に並べられているような状況にあって、自ら「問い」をみつける物語だ。「問い」をたてることではじめて自ら考えることになる。小説内の時間は、震災後一年を通過し、無気力なまま言葉遊びに乗じた登場人物たちが、問いへの一歩を踏み出すところまでを描く。ツイッターの投稿のように次々と登場人物が現れる手法は、物語的帰結のないエピソードの羅列にみえなくもない。しかし漫然とつづく毎日の一部が活写されるといったふうでいて、小説のことばは少しずつ震災で起きたこと、それ自体ににじり寄っていくのである。

実際に、震災後、人々は答えをまっていた。放射能は危ないのか、そうでないのか。西へと、あるいは国外へと逃げるべきか、留まっていていいのか。この食物を食べてもいいのか、食べないほうがいいのか。けれども、それらに対する簡単な答えは与えてもらえず、真逆のことが言われ続けていた。自ら判断した人々は、そのまるで真逆な方向へと二極化していった。それらもまた「問いのない答え」にすぎないのだろうか。「問いのない答え」は、正解者が決まっておしまいなのではなかった。あれこれ考えた思考の過程を吟味する遊びであった。答えを出すよりもまず考えること、そのことをこのゲームは提示しているのである。

震災後文学に引き継がれたもの

二〇一七年二月一九日に、長崎での自らの被爆の経験について書き続けてきた作家、林京子が亡くなった。長崎で被爆した両親を持つ青来有一は、林京子を直接に継承する「原爆小説」の作家といっていいだろう。青来有一の小説には、林京子が「Hさん」として登場する。ちょうど二〇一七年の『文學界』一月号に掲載された「小指が燃える」[*3]にも「Hさん」は登場するのだが、存命中であったにもかかわらず、読んでいてまるで林京子が亡霊にでもなってやってきているかのような不思議な感じを受けた。

「小指が燃える」の冒頭、売れない小説家である語り手のもとに、「元政治家」の「ある先輩の作家」がやってくる。この石原慎太郎のような先輩の作家は「かつて原子爆弾をめぐってあれこれと書いていることに「まだやっているのか」とあきれたひと」なのだが、売れる小説を書け、ベストセラーをめざせとそそのかす。「まだやっているのか」ということばは、そのまま「原爆文学」を書き続けてきた林京子が受けてきた批判でもあったはずだ。ところが、東日本大震災の原発事故であらたな被曝者を出したことから、林京子の書いてきたことへと注目が集まった。『群像』二〇一三年四月号に発表された林京子「再びルイへ。[*4]」は重く受け止められた。被ばくの記憶はあらたに更新されてしまったのである。かつて中上健次は、林京子の小説を「原爆ファシズム」と批判した。『群像』一九八二年二月号掲載の「創作合評」における中上の「原爆ファシズム」ないし「原爆ファシスト」ということばは、たしかに長崎で被爆し、被爆体験を核として書いてきた林京子の作品に向けられたものだし、『文學界』一九七八年一〇月号「われらの文学的立場」と題する座談会でも中上は「日本の小説にとって、被爆小説ほど害毒を流すものはない」と述べていて、原爆小説のあり方を一貫して批判しつづけていた。青来有一が林京子を引き継ぎながら、「まだやっているのか」と言われかねないと、どこか後ろめたげであるのも、原爆小説のこうした扱いと無関係ではないだろう。

ただしここで確認しておかねばならないのは、中上健次が「ルサンチマンを組織しようとしてるんだ」として厳しく批判するのは、「被爆小説」に「何でそうなっていくのかという過程の視点が一つもない」という点である。なぜなら日本文学の型にそもそも制約があるからだというのが中上の持論だ。中上によると、古典にさかのぼっても日本文学というのは「絶えず子どもの視点」で描かれており、「父親の視点で書かれたものは一つも」ない。言わば被害者の語りばかりで、戦争を行なった者、侵略者、つまり加害者の立場で書かれたことが一度もないという。だからこそそうした物語の型をぶち壊し、加害者たる父の視点から描くことで、あたらしい文学をめざすことに中上の真意はある。

青来有一は、「小指が燃える」のなかで「彼女の小説は、「原爆文学」としてひとくくりにかたられることがおおいのですが、ていねいによんでいくと、ひとりの人間の生涯をたどりながら、おおくのひとびとがそれぞれの年齢で経験するであろうことがとりあげられていて、人生の道しるべとして読むこともできます」と擁護しつつも、この小説では長崎の土地の記憶を掘り下げながら、南洋の戦争を取り上げ、その最も陰惨な人肉食と加害の経験について書くことで、中上の批判に応えようとしているのである。

フクシマ以後の小説もまた、カタストロフを描くことについて中上健次が提示した課題を背負わざるを得なくなっている。それは、中上健次を「敬愛」しているという古川日出男の作品にも通じている。戯曲『冬眠する熊に添い寝してごらん』（新潮社、二〇一四年）[*5]は、フクシマを確実に

＊3　青来有一『小指が燃える』（文藝春秋、二〇一七年）として刊行されている。
＊4　林京子『谷間／再びルイへ。』（講談社文芸文庫、二〇一六年）所収。

響かせながらも、日本海沿岸、新潟の油田の歴史を描いた。迂遠なようでいて、たしかに明治からつづく日本のエネルギー戦争の果てに現在はあるのだ。

古川日出男は、震災にもっとも強く感応した作家ではないだろうか。福島県出身だからというだけではない。とはいえ震災の衝撃にあおられながらも、むしろ当事者の側からフクシマを描くことには極めて禁欲的だ。「感傷」に酔うのを嫌うためでもあるだろう。しかし古川日出男を真にたじろがせたのは、自身が小説に書きつけた言葉が、呪詛のようにして襲ってきたことにあった。

二〇一一年の一月から『SWITCH』誌上で連載をはじめた創作論は、長期にわたって取り組んでいる小説『黒いアジア』をめぐって書きはじめている。それは「豚と猪と石油採掘史が主題《テーマ》として展開している小説、アジア人の小説」で、ついには完成をみぬまま頓挫することになる。なぜならちょうど震災の直前に書き上げた部分が「陸《おか》は微動だにしないわけではない」というタイトルで「巨大地震に襲われて、地震後のアジア（具体的にはボルネオ／カリマンタン島）が舞台になるはずだった」からだ。自身の構想したことが予言のように実現するのを目の当たりにしたのである。巨大地震が東日本を襲っているそのときに、そんな小説を発表するわけにはいかない。ただちにすべては破棄された。

また二〇一二年三月にパリで開催された書籍展、サロン・ド・リーブルで、『ベルカ、吠えないのか？』をめぐって「これは予言か？」と問われたという。人間のいない場所に四頭のイヌが取り残される場面は、警戒区域に指定されて人間に置き去りにされた動物たちの姿に重なるのではないかと。

書かれたものが予言となるなら、それは呪詛ではなくて予祝であるべきだったのではないか。日本画の近藤恵介とのコラボレーションで成る『絵東方恐怖譚』という展覧会について古川は次のように書く。


僕は、いろいろなことを考えた。

どうして東方を、恐怖、で満たしたのか。

あまりにも予言的に、僕が東方という「仮定された領域」に恐怖譚を塗りこめたのは、なぜか。

僕には罪があるのか、ないのか。

（古川日出男『小説のデーモンたち』一八三頁）


その展覧会は震災の前に準備され、震災後に行われたという。一年後、あらためて展覧会を行う。タイトルは『覆東方恐怖譚』とされた。「あたしは建つ予感を感じる。ここに「あたしの言葉が建つ」ように、屋敷は建つだろうと直感する」（『美術手帖』二〇一二年四月号、一七七頁）という言葉は、家や生活を建て直す人々への予祝として響く。

『冬眠する熊に添い寝してごらん』は、蜷川幸雄演出の舞台のために書かれ、二〇一四年一月

＊5　初出は『新潮』二〇一四年二月号。

九日から二月一日、Bunkamura 二五周年記念公演として上演された。物語は、現在と明治・大正時代を行き来しながら展開する。現世の主人公となる川下兄弟の兄一《はじめ》はオリンピックの射撃の選手、それが四代前の過去世の熊猟師と重ね合わされながら時間が往還するのである。

舞台は新潟。幕が開けてまもなく、猟犬を連れた熊猟師が雪山で母熊と子熊に対峙する場となる。熊に銃口を向けながら熊猟師は言う。「俺は子熊は撃たねえ」。なぜなら熊の胆と毛皮を売って金に換えるのを生業としているから「熊どもは減らさねえ」のである。乱獲とは一線を画した伝統的なマタギの狩猟である。すぐにこの物語が宮沢賢治の「なめとこ山の熊」の変奏であることに気づかされる。

「なめとこ山の熊」の小十郎は、山を渡り歩く熊捕りで熊のことばを解する。ある年の夏、熊を撃とうとすると「おまへは何がほしくておれを殺すんだ」と問われ、こう答える。

「あゝ、おれはお前の毛皮と、胆のほかにはなんにもいらない。それも町へ持って行ってひどく高く売れると云ふのではないしほんたうに気の毒だけれどもやっぱり仕方ない。けれどもお前に今ごろそんなことを云はれるともうおれなどは何か栗かしだのみでも食ってゐてそれで死ぬならおれも死んでもいゝやうな気がするよ。」

（宮沢賢治「なめとこ山の熊」『校本宮澤賢治全集第九巻』筑摩書房、一九七四年、二三七頁）

すると熊は「少しし残した仕事もあるしたゞ二年だけ待ってくれ。二年目にはおれもおまへの家の前でちゃんと死んでゐてやるから。毛皮も胃袋もやってしまふから」という。二年後この約束は果たされた。

宮沢賢治の描いた熊捕りと熊との契約、熊とことばを通じあうことが『冬眠する熊たちに添い寝してごらん』にはそのまま取り込まれているが、言語を解する証は共食に求められている。神に備えたものを人が食べることで神とつながろうとする儀礼は、ここでは蜂蜜をなめるというかたちで視覚化される。

蜂蜜をなめながら、わらわらと現れた多数の人間の母親たちに熊が憑依して猟師に言う。

「契約をしようじゃないか。あたしとあんたの」

「契約」を「契るのか?」と言い換えているのは、「契る」ということばの持つもう一つの意味すなわちまぐわうことを響かせるためだ。

熊猟師は母熊とまぐわった。

すると場面が現在に移って射撃の選手の川下一が現れる。弟の多根彦は一流商社勤めでまもなく恋人のひばりと結婚する予定だ。ひばりは髪の四分の一が犬の毛のように金色で、犬とまぐわった女の子孫である。やがて弟のあるいは恋人の多根彦をだしぬいて、熊の子である一と犬の子であるひばりがまぐわうようになる。一とひばりの逃避行は、宮沢賢治の熊が古川日出男の作品でこだわってきた犬と行きあったアレゴリーのようでもある。

二四歳の多根彦が婚約者を奪われたことで、川下家の家訓「息子ヨ、ナンジ齢二十五ニテ一子ヲ儲ケヨ。早スギモセズ、遅スギモセズ」がついに果たされなくなる。兄はすでに三十歳だ。それは不吉な未来のはじまりなのだった。

明治、大正時代にわたる過去世で、新潟は石油採掘所の建設ラッシュを迎えている。『黒いアジアたち』で産みそこなった石油採掘史の主題は『冬眠する熊に添い寝してごらん』で生を得たらしい。明治三八年、石油の利権をめぐる陰謀にまきこまれた熊猟師は狩猟の山を失いたくなければ、社長を殺すよう、そそのかされる。大正七年には、その腕を買われて特務班の狙撃手としてシベリアへ出兵する。しかしそれもまた石油がらみの策略で、真の目的はシベリアに大油田を探すことにあった。熊の胆を手に入れるためのヒグマ猟を条件に熊猟師は石油調査団に加わった。

この過去世における大正九年にニコラエフスクで起きた尼港事件で、ひばりの先祖の女性は犬に犯されたことになっている。過去世の熊は開発の対極にある自然の王だった。熊と犬があらわすのは、国土開発の過程で道路や鉄道が整備され、切り刻まれた山の姿だ。山が小さくなってしだいに熊は減少していき、現世の山の王は犬だ。山のなかで犬が野生化しているのはなぜだろう。警戒区域に放置された動物たちの生き抜いた姿が描かれているのではないのか。最終場面で、一は熊の眠る穴に招じ入れられる。共寝することで、いまひとたび熊と契りを結ぶのだろう。ここに自然との共生への道が示されたと読んだ。

明治以後の戦争の歴史は、石油をめぐるエネルギー戦争だった。そして第二次大戦後には原子力エネルギーをめぐって再び歴史がくり返される。物語終盤で、熊猟師と川下一とがピタリと重ね合わされて人を撃ち殺す場面は、したがって石油時代という過去世と原子力時代という現世の重ね合わせでもある。明治三八年の熊猟師による石油会社社長の暗殺と現在の川下一による原子力発電所にもぐりこんだ「仮想敵国」のテロリスト暗殺が舞台上で同時に行われるのである。エネルギー戦争のただなかで、熊と契った一族は山を守るために撃つ。一代目は熊の山のために、五代目は犬の山、犬と契った女のために。

テロル阻止によって日本を救いながら、兄を滅ぼすという陰謀を企てた多根彦のセリフは、原発の問題を次のように語る。

> エネルギー戦争のもたらした今日《こんにち》の日本の、この国土の風景。日本海沿岸は、なんだか原子力発電所、原発の立地に最適みたいだ。いっぱい建っている。そして、エネルギー戦争の最新形。「それ」がテロの対象にならないわけがない。それも外国の。仮想敵国なんかの。
>
> （古川日出男『冬眠する熊に添い寝してごらん』二〇三頁）

逮捕されたときの一のセリフ「百年の想像力を持たない人間は、二十年と生きられない」とともに、原発震災後の原子力発電所の問題を問いかけているはずだ。福島出身の古川なら被災者の立場からフクシマを描くこともできただろう。けれどもそれをしなかった。なぜか。それは「感傷の類いを無化すること。その先にしか表現者が「表現してもよい」と見做される〝資格〟はないように、僕には思える」と述べる古川文学の矜持の問題なのか。

興味深いことに青来有一は「小指が燃える」で南方戦線の兵士の話を書きながら、やはり「感傷」が廃されねばならないと書いている。

わたしはユダヤ人の作家、アハロン・アッペルフェルド『不死身のバートフス』というホロコーストの記憶をふまえて書かれた本のことを考えていました。この本の「訳者あとがき」に、アハロン・アッペルフェルドへのインタビューのやりとりが書かれていて、「おさえたいのは感情ではなくて、感傷なのです。たとえばセンチメンタルな音楽には人間の残虐性を誘発するなにかがあります。ナチスはセンチメンタルな音楽に酔いながら人を殺しました」ということばがどうしても頭から消えません。感傷には甘い嘘がまじり、不都合に目をつむり、どこかで自分をあざむいていると感じることはよくありましたから。でも、わたしはわかっていながら、感傷に溺れてしまうのです。それもわたしにしみついた通俗性であり、なんともゆるしがたい堕落なのかもしれません。

（青来有一『小指が燃える』、文藝春秋、二〇一七年、一四三頁）

カタストロフを描くときに頭をもたげる「感傷」とは、中上健次がいう「ルサンチマンを組織」することに繋がっているのだろう。しかしそれはすでに更新済みである。したがって震災後文学の問題の核心は、書き手の「感傷の類い」にあるのではなくて、フクシマ以後の文学を方向づける文学論、つまり読みの方法にあるのではないか。

読みと批評の更新

前著『震災後文学論』に紹介した作品群は、とくに海外の日本文学研究の場において、ポスト・フクシマ文学、ポスト・3・11文学などとして盛んに研究されており、論集も出ているし、[*6]かつまた大学院の学生たちが、修士論文や博士論文のテーマとしてとりあげるようになっていてジャンルとしてすでに確立している。というのも、リゼット・ゲーパルトが言うように、フクシマとの関わりは日本文化研究の専門家として避けてとおれないからだ。[*7] また二〇一一年三月一一

*6 英語による論集は、以下のものなどがある。
Lisette Gebhardt and Yuki Masami, ed., *Literature and Art after "Fukushima": Four Approaches*, Berlin:Eb-Verlag, 2014.
Thomas M. Bohn et.al. ed., *The Impact of Disaster: Social and Cultural Approaches to Fukushima and Chernobyl*, Berlin: Eb-Verlag, 2015.
Barbara Geilhorn and Kristina Iwata-Weickgenannt, ed., *Fukushima and the Arts: Negotiating Nuclear Disaster*, London and New York: Routledge, 2016.
Christophe Thouny and Mitsuhiro Yoshimoto, ed., *Planetary Atmospheres and Urban Society After Fukushima*, Singapore: Springer Verlag, 2017.
フランス語による論集には、「フクシマとともに考える」（*Penser avec Fukushima*, Editions Cécile Defaut, 2016）がある。
また批評家による論集、限界研編『東日本大震災後文学論』（南雲堂、二〇一七年）が出版された。

*7 二〇一七年六月一日にオックスフォード大学、ペンブルック・カレッジで開催されたシンポジウム「3・11後の文学」（2017 Tanaka Symposium in Japanese Studies: 'Literature After 3.11'）におけるリゼット・ゲーパルトの発表、「怒りのさまざまな影――日本のポスト・フクシマ文学における「システム」及び社会批判」（Lisette Gebhardt, "Various Shades of Fury: Criticism of 'System' and Society in Japanese Post-Fukushima-Literature"）による。本発表で、ゲーパルトは、「ポスト・フクシマ文学」の主題は、いわゆる「原発村」や日本のメディアの自主規制、安倍政権下での特定秘密保護法、広告会社の動きといった重要な課題に結ばれており、それゆえにたとえ明示的に政治的な問題に関わっていないようにみえても、「ポスト・フクシマ文学」というのは、状況として「政治文学」なのだと指摘している。

日からの地震、津波、原発事故という三つの災厄（トリプル・ディザスターと呼ばれている）がニュースや日常のレベルではすっかり忘れられているようにみえても、震災後文学と呼びうる小説や映像作品はひきつづき創られつづけている。

一方で、単に東日本大震災を扱った小説や映像作品が創られているだけではなく、震災後文学の存在は、これまでの硬直的な読みの大系を揺るがし、批評のあり方に変更を迫っている。震災後文学というのは、震災後に震災を扱って書かれたものだけをさすのではなくて、震災後の文学状況全体をさす。たとえば震災後にさかんに第二次世界大戦を扱った戦争小説が書かれるようになったことをも含めて、歴史の再考を迫るものが現われたのも震災後の文学状況だろう。震災前に書かれていた戦争小説が震災後を重ねて読まれもしたことを考えると読みの状況も変わっている。震災後に読まれるあらゆる作品に、震災の記憶が否応なしに読み込まれてしまうのである。

二〇一四年四月二五日から九月七日まで、パリのパレ・ド・トーキョーにおいて、杉本博司「今日　世界は死んだ　もしかすると昨日かもしれない」という展覧会が開催された。[*8] 展示全体のコンセプトは次のように説明されている。

（…）私のアーティストとしての夢想は、現代という知識の枷を嵌められてしまったのだ。私に唯一残された夢想の場は、今ではなく未来になってしまった。未来は確定されていないからだ。私はアーティストとして、最悪の未来を夢想する。そしてそれが私の心の楽しみとなってしまった。暗い未来が私の今を輝かせてくれるのだ。今、生きている喜びは、いつか来るであろう終末によって保証される。私は今ここに、私の想像しうる未来の姿について、最悪のシナリオを記す。そうならないように万策を尽くすのが、あなた達次世代の務めだが、私は私のアーティストとしての直感を忌憚なく記すことにする。しかし未来に希望は残さなくてはならない。最後に生き残る人に、最後の時を書き残してもらい、ある人はミイラとなって、ある人は試験管の中で、ある人はゲノムチャートとなって、遺伝子を保存してもらうことにする。[*9]

展示物指示表とテクストは『新潮』二〇一四年二月号に、展覧会のレポートは『美術手帖』二〇一四年七月号に掲載されている。実際の展示ではいくつかの展示物が支持されたものとは異なっているほか、三三にわたるストーリーの順序が異なっていた。4古生物研究者、8美術史学者からはじまって、次のイントロに緊密に連関するように構成し直されている。

太陽系の第3惑星地球には大量の水が存在し、5億5千年程前から水中での有機物による爆発的な生命現象の連鎖が始まった。生命は人類にまで進化し、今回の2万年程の間氷期の間に文明の発生を見た。しかし様々な困難により文明は衰退し、そしてそこに残されたのは文明の廃墟だった。[*10]

＊8　同展覧会は、二〇一六年九月三日から一一月一三日に、東京都写真美術館において「杉本博司　ロスト・ヒューマン」展として展示された。
＊9　『新潮』二〇一四年二月号、二五六頁。

2比較宗教学者のあと、18コンテンポラリー・アーティスト、15耽美主義者をはさんで、11隕石蒐集家が連なるとき、観客はフクシマと連関する未来図を想像しはじめるだろう。「比較宗教学者」に展示されているのは、杉本の写真作品、マダムタッソーの蝋人形館で撮影された最後の晩餐である。一九九九年のこの作品は、二〇一二年一〇月に北米を襲った、ハリケーン・サンディーによって、ニューヨークにある杉本の地下倉庫が水没し、半溶解状態の損傷を蒙っている。水没写真として、もともとの作品に災害を上書き記録した状態で作品展示されていることは、津波の被害を思い起こさせ、震災を想起させる。さらに、これに続く、「隕石蒐集家」では、天井部のガラスが割られていて、隕石の軌道が丁寧にも赤いヒモで示されている。天井を突き破って降ってきた隕石は地面をぶち破り、地下へと落ちているが、地下で隕石によって破壊されているのは洋式便器である。そこには「落石注意」という看板も掲げられてあり、なんとも愉快な展示である。しかしそのテクストには次のように書かれているのである。

今日、世界は死んだ。もしかすると昨日かもしれない。予測困難な、大した大きさではない100トン程の隕石が地表面衝突直前に二つに分かれ、一つは太平洋に、一つは大西洋に落下した。30メートル超の津波が世界中の沿岸都市を襲い、50基以上の原子力発電所が津波に飲み込まれ、制御不能となり炉心溶解を起してしまった。放射能は偏西風に乗り、1週間で人類生息不可能環境が出現した。私は私の遺伝子保存処置を施しここに眠る。未来には期待もしないし、この事態に関して現生人に責任があるとも思えない。過去に起らなかったことは未来にも起らないと思ったのが人類の誤算だった。しかし人類が知っていた過去とはたかだか数千年だった。考えが甘かったのだ。この隕石の破片はここにも落ちて来た。しかしこんな大物隕石が私のコレクションに加わるとは、コレクターとしては本望だ。[*11]

改めて、この展示の三三の物語はすべて人類が滅亡したあとの廃墟を示していることに気づかされる。キュレーターの三木あき子はこの展覧会の解説（「時を止めるための機械としての展覧会」）で、杉本自身の「永遠の成長が人類の幸福を保証するという、資本主義という神話が、何の疑いもなく信仰され、成長のための破壊が進んで行く。私は人類文明の行く末を思う時、その始まりが、どのようであったのかを説明する、自分自身への説明責任を感じるのだ、この様な事態に陥ってしまったことへの」[*12]ということばを引用しながら、次のように述べている。「21世紀に人々はすでに9・11や3・11といった大きなカタストロフを経験してしまっている。しかしそこには掲げるべき理想も、未来への希望を約束するような哲学も科学もない。ここで最悪の未来を想像することで、杉本は警鐘を鳴らしているのだ」[*13]と。このような解説がなくとも、私たちは「隕石

＊10　『新潮』二〇一四年二月号、二五七頁。
＊11　『新潮』二〇一四年二月号、二六二頁。ただし展覧会でのすべてのテクストはフランス語と英語で、あえて手書きの読みにくい文字で書かれているため、観覧者は必ずしもテクストと展示を結び付けてみていない可能性もある。
＊12　杉本博司『アートの起源』新潮社、二〇一二年、二二一頁。
＊13　Akiko Miki, "The exhibition as machine for stopping time," *Cahiers d'Art, N.1,2014*, Paris: Editions Cahiers d'Art, p.173.

蒐集家」のテクストから3・11をあるいはフクシマをただちに想起するだろう。そしてそれが最後のメルトダウン事故ではないことが未来を描くことで示されているのだ。そのように読めとは一言も指示されてはいないけれども、観客はそのように観る。それが二〇一一年三月一一日以降の読み手の目なのである。ならば、今までの批評の軸、読みの軸では支えきれないものが生起しているという事態にどのように追いついていくかということこそが問われるべきなのではないだろうか。

たとえば具体例として、『群像』二〇一四年二月号の「変愛小説」の特集号に載った多和田葉子「韋駄天どこまでも」をあげてみよう（『献灯使』講談社、二〇一四年所収）。物語は、大地震が起きて避難所となった体育館に寄り添う二人の女を描く。ダンボールで囲われたスペースにめいめいがいろんな工夫を凝らして過ごしていた東日本大震災の避難所の光景が浮かぶ。しかしおそらくこれは、あのときの地震ではない。なぜなら語り手の東田一子の夫が胃癌で亡くなる前に訪ねた彼の故郷は放射性物質にすでに汚染された土地らしいからだ。

物語に絡みつくように漢字の部首を解体操作する遊戯的な語りに目を奪われる。たとえばこの夫は「**品**格のある男」で「**山**が好きで病気知らずだったのに、いつの間に胃**癌**にかかっていた」と書いて、品と山で出来た部位が病いになるなら「癌」だと戯れる。こうして漢字の部首を意味に開いてみたり、同じ馬偏の文字を次々に繰り出してみたりしながら、辻褄の合うことばが構成されていく。

同時に文字を操ることは、ただの遊戯では済まなくて、呪力を持ちはじめもする。たとえば一子の夫は、「品」格があるとか「山」好きだとかいったばっかりに「癌」を招き入れてしまった。だから仏滅の日に生け花教室で出口さんが「きょうはじしんある」と口に出したことが「自信」ではなくて「地震」を呼び込んでしまうことになって、物語に大地震が発生するのである。

主人公は短大卒業後に見合いをし、「夫の職場の茨城」で新居を構えた、とある。夫が亡くなったあと、夫の名字とローンを払い終わった家とが残されたとあるからには引き続き茨城に住まっていることになるだろう。その主人公が、夫がガンの放射線治療に入る前に、久しぶりに生まれ育った実家が見たいといったので、「普通列車を乗り継いで北へ向かった」とある。夫が故郷へ行きたいといったくだりは次のように書かれている。

放射線治療を始める前に自分の生まれ育った家を久しぶりで見たいと言う夫といっしょに一子は新しい旅行鞄を買って普通列車を乗り継いで北へ向かった。夫の両親はとっくに引っ越してしまって、もうその家には住んでいなかったし、村の人たちも次々姿を消し、誰も住んでいないはずなのに、誰か通いで稲の世話をしている人がいるらしく、ちゃんと田んぼがあおい。誰も食べないお米なのに田園風景だけはある。（略）食べられない米を育てる根気はこの先何年くらい続くのだろう。汚染された環境下でも、除草剤の使用が禁止されて以来、雑**草**の伸びるのは**早**く、**牙**の形をした鋭い**芽**が稲に追いつき食いつく。

（多和田葉子「韋駄天どこまでも」『献灯使』、一六七頁）

茨城の北に位置するのは福島県であること、「食べられない米」「汚染された環境下」などの語から、読者は福島の原発事故後の世界を想像しはじめるはずだ。そこに誰も住んでいないのは「汚染された環境」だからなのだろう。人の気配はないが、誰も食べない米を育てる田園の風景だけがあるという。その「汚染」が放射性物質による汚染だとは一言も書かれないのだけれど、夫の癌の治療のための「放射線治療」ということばが後続する文章に残響して、夫の故郷は福島の警戒区域のあたりなのだろうかという連想がよぎる。

この短編内で起こる大地震が3・11以後に起きていることは、「前の地震の時に届いた物資だが、配給が間に合わなくてそのまま保管されていた」ものが避難所到着後に直ちに配られたとあることから明らかだ。ここで起きた地震が、もしただの地震なら、なぜそんなに遠くまでバスは走ったのだろう。夜を越え、朝になって避難所にたどり着いている。それほど遠くに行くということは再びの原発事故が起きたからではないのか。少なくとも読者としてはそのことを想起せざるを得ない。

大地震にあった東田一子と東田十子はバスに乗りこんで避難所へと向かう。バスの中で、漢字の部首の組み換えのように組んづ解れつ肉体をむさぼりあい、避難所となった体育館の一隅で蜜月の時を過ごすくだりは深沢七郎『風流夢譚』を思い起こさせ、夢のなかのような雰囲気がある。その一方で夫との旅行はリアリスティックな語り口で、東日本のどこかに汚染された地域があることがもはやSFでも近未来小説でもなくて、小説の風景として定着してしまっていることに改めて気づかされる。漢字が愉しげに踊る文字の奥から、重苦しい事実をしれっと突きつけてくるのである。
ところが、『群像』二〇一四年三月号掲載の苅部直、藤野可織、稲葉真弓による合評では、この小説における漢字をめぐるたくみなレトリックの話題に終始し、原発震災についてはまったく触れられていない。というのも苅部直がはじめに提示するあらすじで放射能災の読みの可能性には触れられていないのである。

主人公の東田一子は、夫に先立たれたあと、趣味をもとうとして華道教室に通います。そこで美しい女性、東田十子に魅かれ、強い性への好奇心がかきたてられるのを感じます。十子をお茶に誘い、訪れた喫茶店で二人は大震災に見舞われました。走って避難する二人の息はぴったり合います。バスの中で二人は、東と東、一と十の漢字がもつれ合うように激しく身体をからませ合う。そして体育館の避難所に落ちつくと、夫婦のような暮らしを始めます。しかしある日、十子の姉がやってきて、十子を連れ去ってしまいました。彼女の帰りを待つのか、それとも忘れてしまうか。迷い乱れる一子は、満月の夜に校庭をぐるぐると走りながら、再会できると信じるよう、自分に言い聞かせます。[*14]

多和田葉子は、言葉遊びをすることで、通常の意味を解体したり、組み直したりして、母語話

*14　苅部直、藤野可織、稲葉真弓「創作合評」『群像』二〇一四年三月号、三二七頁。

者にとっての当たり前を覆してみせる手法を用いる作家であり、越境的であり、翻訳という視点をもっていて、云々とこれまでに多和田作品に言われてきた批評の軸が総動員されての読みであった。しかし殊に原発震災の一切を読み飛ばすような、相も変らぬ多和田評は、一方で決定的に読み損なっていると言わざるを得ないのではないか。それが「震災後文学」として書かれているという視座が欠落していたとするなら、震災後文学論は震災という読みの方法をあらたに提示していく必要があるだろう。

しかも震災後文学としての読みの問題は、震災後に書かれた文学に留まらないのだ。震災前に書かれた作品に未来の出来事を読み込むのは間違いなのだとしても、震災以降、作品の読みが変わってしまったということがある。たとえばしりあがり寿の『ゲロゲロプースカ』が新装版として、二〇一二年六月に出版されている。初版は二〇〇六年の『コミックビーム』で、チェルノブイリ原発事故をきっかけに書かれたものだという。誰もいない土地に一人さすらう少年の姿、老人ばかりになって子供の数が極端に少ない世界など、ちょうどフクシマ以後の震災後文学が描いた未来像にそっくりで、二〇一二年の新作として読めてしまうことをどのように考えるか。

あるいはそれは芸術作品の見方にも同様である。飯沢耕太郎は、『アフターマス——震災後の写真』において、二〇〇八年あるいは一九九一年に撮られた三陸沿岸の港町の風景写真が、震災後決定的に意味を変えてしまったことについて次のように述べている。

　いうまでもなく、そこに写っている港町の光景は、あの大津波によって見る影もなく失われてしまったものだ。尾仲〔浩二〕にしろ、本山〔周平〕にしろ、むろんそのことを予感して撮影していたわけではない。いつものように淡々とやや距離を置いて、ことさらに感情移入することなく、通過していく旅人の眼差しで、海辺の街の穏やかな情景を写しとっているだけだ。だが、いま震災後にこれらの写真を見ていると、それ自体の持つ意味が決定的に変わってしまったことに気がつく。気楽なスナップとして撮影された写真は、消失した光景のドキュメントとなり、それを見るわれわれは、あの恐るべき水の壁が街を呑み込んでいく映像を、それらに二重映しに重ね合わせなければならなくなってしまう。[*15]

その意味で、畠山直哉が震災前に撮っていた気仙川周辺の故郷の写真もまた震災後に意味を変

*15 飯沢耕太郎・菱田雄介『アフターマス——震災後の写真』NTT出版、二〇一二年、一四〜五頁。飯沢は次のようにも述べて、震災直後にみられた自主規制のムードに警鐘を鳴らしている。「もう一つ気になるのは、「被災者の気持ちになれ」、「彼らが傷つくようなことはやめろ」という言い方だ。被災者の方たちの艱難辛苦に対しては、たしかにぬくぬくと安全地帯にいるわれわれは頭を垂れるしかない。だが、あまりにも彼らの存在を絶対化し過ぎると「何もいえない、やれない」ということになる。表現者にはむろん倫理的、道徳的な拘束がある。ただ、それが強過ぎると自由でのびやかな発想や実践が滞ってしまう。／意図的に被災者を傷つけたりおとしめたりするのは論外だが、時に顰蹙を買うくらいの、勢いのある表現があってもよいのではないだろうか。タブーはできるだけ小さいほうがいい。本文にも書いたように、残るものは残っていくし、消えるものは消え去っていく。阪神・淡路大震災の時のように、10年以上の年月を経れば、それはくっきりと見えてくるはずだ。逆にいえば、それくらいの長いスパンを頭に入れておかなければ、「震災後の写真」は成立していかない。」(同一五一〜二頁)

えたものだといえる。写真作品『気仙川』のあとがきに次のように述べている。

僕がやるせなさを感じて敬遠してきたような「絶対的な写真」に、これらの写真も変化してしまった。「絶対」といっても、そこにはもともと晴れがましさなどは存在しないし、たとえ写真が特別な感情に彩られているように見えるとしても、それは僕の能力のせいではなく、ひとえに出来事のせいでしかない。無責任な言い方になるかもしれないが、これを近代芸術的な文脈で理解しようとすることは、つまり「写真としてどうか」という風に理解しようとすることは、僕にはもうどうでもいいことのように思える。このような時の写真の振る舞いの身勝手さは人の手に負えず、僕らはそれをひとつの現象のように、ただ見つめることしかできない。[*16]

この出来事の二重写しの方法を川上弘美の「神様２０１１」の読解に用いたのは高橋源一郎だった。高橋は震災後に発表した長編小説『恋する原発』のなかで「震災文学論」として、カワカミヒロミの「神様２０１１」を論じている。川上弘美は、一九九三年に発表した短編「神様」を原発事故を受けてすぐに書き直し「神様２０１１」として『群像』二〇一一年六月号に発表している。そこには「神様２０１１」につづいてオリジナルの「神様」そして「あとがき」が添えられており、以後、アンソロジーへの収録、その英訳、単行本への収録などいかなる出版に際しても、この三つをセットにしてきた。このようにして、あえて二つの作品を重ね合わせて読ませていることを重くみて、高橋は、一九九三年の「神様」には存在していて、「２０１１」年版から消えてしまったのが子供たちであることに注目し、その重ね合わせによって「２０１１」年版では消えた子供たちが亡霊のようにして立ち現れてくると読み解いている。ここで川上の「神様」について確認しておくと、「２０１１」版の冒頭は次のようになる。太字がオリジナルに加えられた部分である。

　くまにさそわれて散歩に出る。川原に行くのである。春先に、鴫《しぎ》を見るために、**防護服をつけて**行ったことはあったが、暑い季節にこうして**ふつうの服を着て肌をだし**、弁当まで持っていくのは、**「あのこと」以来、**初めてである。散歩というよりハイキングといったほうがいいかもしれない。*17

ここに挿入された「防護服」という文字によって、読者はただちに「あのこと」とは原発事故を意味することを知るだろう。それは単に「あのこと」なのであるから、福島第一原発の事故を指しているとは限らない。過去の原発事故、そして未来の原発事故さえも意味しうる、それほどの普遍性を持ち合わせている。

この「神様２０１１」という作品は、高橋源一郎の「さよならクリストファー・ロビン」とは

*16　畠山直哉「あとがきにかえて」『気仙川』河出書房新社、二〇一二年。
*17　川上弘美『神様２０１１』講談社、二〇一一年、一三頁。

おそらく無関係に書かれた作品である。「さよならクリストファー・ロビン」は、『新潮』二〇一〇年一月号に発表された作品で、短編集『さよなら、クリストファー・ロビン』として出版されたのは二〇一二年四月のことだった。しかしそれを震災後文学の眼で読むと、川上弘美「神様２０１１」との強い連関が読み込めるようになっていることに気づかされるのである。「さよならクリストファー・ロビン」は、物語の登場人物が物語を書き続けないとこの世から消えてしまうという事態に陥った設定だ。『虚無』が押し寄せてきているというのである。そのきっかけを高橋は次のように書いている。

そうやって、静かに、けれど、確実に、時は進んでいった。不吉な「予感」にかられた人びとがいたはずだった。けれど、彼らになにができたであろう。彼らは、ただ、手をこまねいて、その瞬間を待つしかなかったのだ。
そして、「あのこと」が起こったのである。

それは、一瞬のうちに起こったのだ、といわれている。中には、大きな音がした、というものも、怪しい光のようなものが見えた、というものもいた。だが、それは、どれも、後になって作りだされたお話のような気がするのだ。
マッチを擦る、「シュッ」という音がしたというものもいた。もう何年も、マッチなどというものを見たことなどなかったのに。

古い木製のドアを閉める、「ギィ」という音が聞こえたというものもいた。その最新のビルには、もちろん、木製のドアなどなかった。半世紀も前に、そのビルを建てるために壊された洋館のドアの一つが、長い時間を経て、音を届けたのでなければ。

子どもが間違えて、ミルクを呑むコップを落としたような音がしたというものもいた。小さく、「ごめんなさい」と囁く子どもの声も一緒に聞こえたとそのものはいった。だが、その家に、子どもの気配は、何世紀も絶えていたのだ。

庭で、誰かが小さな花火をしている気配がした、おかしいな、いまは冬だし、ましてやあの庭に誰かが入りこむとも思えない、そこで、庭に降りてみると、つい少し前まで、誰かがいた気配が残っていた、というものもいた。もちろん、庭には、誰かがいたという証拠など、かけらもなかったのだが。

（略）

もしかしたら、そのどれかは、「あのこと」が起こった瞬間の出来事なのかもしれない。だが、おそらく、これらの大半は、不可解なものごとを理解しようと努めるものたちが、現実と折り合うために考え出した、お話にすぎないのだ。*18

＊18 引用は、高橋源一郎「さよならクリストファー・ロビン」『新潮』二〇一〇年一月号、八五～六頁。高橋源一郎『さよなら、クリストファー・ロビン』（新潮社、二〇一二年）所収。

ここにあらわれる「あのこと」という語は、同じように鍵かっこ付きで示され、川上弘美の「神様２０１１」のそれと呼応する。川上が高橋を引用したのかどうかはわからない。ただ震災前に書かれた短編を、震災後の読者は震災後文学のようにして読んでしまうことがあるということだ。

同じように、多和田葉子の『雲をつかむ話』は震災をまたいで書き継がれた作品だが震災の前に書かれた部分についても、震災という出来事を読み込めてしまう。写真が意味を変えたように、文学のことばも意味を変えてしまったとするなら、その変更された意味において文学を論じる必要があるのではないか。写真の映し出す世界が過去と災禍を二重写しにしてしまうような問題として、あるいは出来事の絶対性として。「写真としてどうか」を問うことがむなしくなるように、文学としてどうかというかつての批評が成り立たなくなる事態が起こっているのではないか。

ジェンダー論がジェンダーなどという言葉がない時代の作品を読み解く方法であり、クィア理論がゲイやレズビアンという言葉がない時代の作品を読み解く方法であり得るように、震災後文学という視座は災厄を読み解く方法になりはしないだろうか。読みが変わったということは、批評も変わらなければならないはずだ。相も変らぬ文学観で評価をつづけることに意味があるのかどうか、それが震災後の文学研究に託されていることではないかと思うのである。

前著で書いた「書くことの困難のなかで書かれた作品こそが、震災後文学」だという箇所が震災後文学の「定義」のようにして引用されることがある。けれども書かれた小説を分類することにさほど意味があるとは思わない。震災後文学として読み解くこと、その読みの軸のほうこそが重要なのだ。震災後の文学論を問い直し、震災後の問題系をどのように論じるかが問題なのである。

前著では震災後の動きを記録しておきたいという思いが強くて、やたらと作品を羅列することに終始することになった。やがて、震災後の文学の動きをみつめる段階を過ぎて、震災後文学として読み解く論が次々に現れている。こうしたなかで、私自身の書き方も変わっていった。相変わらず、重要な作品を網羅しておきたいという気持ちはあるものの、本書は震災後の文学をどのように読むかといった読みの問題としてまとめたいと思う。震災後文学が問題にしていることは何なのかをさまざまな角度から見極めたいと思うのだ。

第一章では、現在の文学研究に重要な問題系であるジェンダー、セクシュアリティの論点をマイノリティの問題として扱う。家族的な絆が強調される有事には、ヘテロセクシズムあるいはセクシズムが殊の外表れることは見逃したくない論点だ。そんななかで葛藤する女性やセクシュアルマイノリティの問題をすくい取った作品を読んでいく。第二章では、「フクシマ」として語られる原発事故が何をもたらしたのか、放射能災とはいったいどのようなものなのかを問う作品を扱う。第三章には、ヒロシマ、ナガサキという被爆の記憶と、フクシマの被曝とを結ぶ思考をアラン・レネ監督『ヒロシマ・モナムール』(一九五九年)などのヒロシマの表象から探る。第四章では、震災によって喚起された戦争イメージについて、主に第三世代による戦争小説に焦点をあてて読んでいく。第五章では、震災後に文学あるいは口承の場でしばしば語られる「霊」あるいは死者の語りに注目する。第六章では、震災以降、私たちがとり憑かれている不安がどのように表象されているのかに焦点をあてる。第七章では、放射能災によってあらわになった日本社会の抱える「生の危うさ」の問題を考えていく。

さいごに、用語について一言述べておく。前著と同様、放射性物質については文学での慣例にしたがって放射能とよぶことにする。また、震災を描いているなら、「震災文学」と呼ぶほうがふさわしいという見方もあるが、本書では、「震災後文学」という語を用いている。それは原爆文学がその名称のせいで、原爆が落とされた、あの日のことを中心に描きつづけているかのようなジャンルの制約を受けがちであったことを踏まえての選択である。それは戦争文学という用語に対して、戦後文学がさまざまに表現の可能性を持ち得たことからの援用でもある。それに東日本大震災は、とくに福島第一原子力発電所の爆発による放射能災は収束のめどがたっておらず、刻々と変化しつつもいまだ継続中であることから、震災後の長い時間を捉える文学、あるいは震災について再び考えさせる文学はさまざまにテーマを変えて今後も書かれ続けるにちがいない。それら来たるべき文学も視野に入れておきたいと考えている。

第一章　震災後文学とマイノリティ

クィア小説としての震災後文学――沼田真佑『影裏』

二〇一七年上半期の第一五七回芥川賞受賞作は、沼田真佑『影裏』（文藝春秋、二〇一七年）[*1]だった。クィア小説にして震災後文学の受賞である。[*2]

語り手は首都圏の会社員で、二年前に盛岡の子会社に転勤してきている今野秋一である。土地になじめずにいた今野は、大学時代は東京で過ごしていたという日浅典博と親しくなり、酒を飲んだり釣りをしたりしておよそ一年を過ごしたが、日浅は、ある日挨拶もなしに唐突に会社を退職して消えてしまう。会社の携帯でやりとりしてきたから連絡先もわからない。日浅がいなくなってからも今野は、たびたび彼のことを思い出す。はじめて自分のお気に入りの釣り場に彼を連れていったときの描写から、語り手にとって日浅がただの友人以上の存在であったことがわかる。

＊1　初出は『文學界』二〇一七年五月号。のちに『文藝春秋』二〇一七年九月号。

八月の暑い日で、語り手は日浅に水筒を手渡す。半歩後ろを歩いていた日浅に「後ろ手に」水筒を渡したのにもかかわらず、彼が水を飲む様子を語り手はおそらくは立ち止まり振り返って「喉を縦にして美味そうに飲」むところを眺めている。

眠たげな瞼のあいだをいっそう細めて、手の甲で日浅は唇をぬぐい、眉に溜まった汗の滴は指先でつまんでそのへんに捨てた。ゆうべの酒がまだ皮膚の下に残っているのか、磨きたての銃身のように首もとが油光りに輝いている。

(『影裏』六頁)

濡れた唇、汗にひかる首筋へとめぐる視線はセンシュアルだ。「倒木に馬乗りにまたがり」、巻き尺で幹の太さを測ろうと抱きつき、「樹皮を撫で」、「幹の上部から下部へと順番に耳を押し当てる」姿を語り手は「携帯のカメラ」でそっと撮影する。「あとで画像を確認したら、医者というより、仕留めた獲物の鼓動を検べるハンター」の姿のようだったという日浅の姿は獲物にまたがって鼓動をきく姿として記録されたというわけだ。その姿を思わず写真に残しておきたいと思う語り手は、日浅に惚れているのだ。それが黙って自分の前から消えてしまったのだから、「少し水くさい」どころではない。それから社内をうろうろし、彼の面影を探し続ける日々を過ごしていた。「単に追想に耽ってそうするわけじゃない。この場合日浅的人物を、釣りが好きで、車の運転が得意で山道にあかるい、つき合いやすい同世代の独身の男、一緒に一升瓶をあけてしまうのに誂え向きの酒飲みを、要するに友人をさがしているのだった」というのは、いかにも「信頼できない語り手（unreliable narrator）」の言だ。[*3] 首都圏から田舎へ来た今野が自身のセクシュアリティについてオープンに語ることはできない環境にあるのは明らかだし、読者に秘密を縷々語るタイプの語り手でもない。釣りの場での無防備な日浅を眺めるのを密かに楽しみにしていたにすぎない。

だから互助会の営業マンとなっていた日浅が四ヶ月ぶりにふたたびアパートを訪ねてきたとき、

＊2　記者会見で、芥川賞の受賞理由を述べた高樹のぶ子によれば、『影裏』は、震災を描いた小説として受賞したという。「震災」を描いていることをめぐって、その是非が議論され、「ほとんどケンカ状態」に至ったというが、選評で高樹は「何かをきっかけに表層の覆いが剝ぎ取られて邪悪な内面が剝き出しになるのは、大自然も人間も同じで、東北大震災はこのように、人間内部の崩壊と呼応させて書かれる運命にあった」としている。（高樹のぶ子「美しくもおぞましい」『文藝春秋』二〇一七年九月号、三八四頁）その意味で、アンヌ・バヤール・坂井が指摘するように、本作の受賞は芥川賞という「権威」によって震災後文学（あるいは震災文学）がジャンルとして成立したことが認められたことを示すものとなったといえるだろう（二〇一七年一一月九日から一一日に国際日本文化研究センターとの共催でライプツィヒ大学で行われた「3・11後の日本研究」（Japanese Studies after 3.11）での発表「表象不可能性を回避する書き物――3・11後の文学の場合（Writing by Circumventing the Unrepresentable : the case of Post March 11 literature）」による）。アンヌ・バヤール・坂井は、震災を描いているかどうか自体が議論になっていることから、それらを決めるのは解釈の問題であることを指摘してもいる。

二〇一七年八月一九日付『日本経済新聞』で、批評家の佐々木敦は「優れた「釣り小説」であると共に、不可思議な友愛の物語である。そして捻れた、しかし切実なアプローチによる「震災後小説」でもある」と位置づけている。

＊3　この小説の語りについて、島田雅彦は、芥川賞選評で次のように指摘する。「田舎での偏見を警戒してもいるのだろう、語り手は慎重にコトバを選びながら、自身の中に芽生えた志向と向き合っている」（島田雅彦「賞は結局運次第」『文藝春秋』二〇一七年九月号、三八八頁）。

今野はかつてのようにアパートで飲んで翌日一緒に釣りにいくことを期待していたはずだ。しかし日浅はノルマを果たすために互助会への入会を頼みにきただけだった。それを知ったあとで、こんどは日浅のほうから夜釣りに誘ってきたのだから語り手が浮き浮きと出かけたのも当然だ。ロマンティックな夜を期待していたのだろう。「キルシュと瓶詰のピクルス」を買い込み、しゃれこんで出かける。それなのに現れた日浅はイライラと意地悪く、おまけに彼の顧客だという井上さんがやってくる予定になっているというのである。語り手が用意したテーブルセットに椅子は二脚しかついていなかった。語り手が酒を頑固にことわって早々に引き上げてきたのは、彼との根本的な不一致を思い知ったからに違いない。語り手は、ムートンラグを敷いた室内をフロアライトが照らし、ジャスミンの鉢植えの置かれる部屋に住まっている都会的かつ「スノビッシュ」な趣味の人間だ。その日着ていたのはラムレザーのダウンベストで、「ツイードミルのブランケット」を膝掛けにしていた。それらをことごとく揶揄されたことを部屋にもどった語り手は思い出している。「いかにもアウトドア素人が買い揃えそうなチタンプレート」「小遣いに不自由しないと安易に手が出るGSIのパーコレーター」「本社待遇の出向社員なら、カードか何かでためらうことなく決済し、さぞかしご満悦だろうラムレザーのダウンベスト」。ここに打たれた傍点は、いかにも嫌みたらしく日浅が語ったことばそのままに、語り手の耳に反芻されている声なのだ。

　それらすべては日浅との経済格差を物語っているのであり、日浅は金につまって友人にたかるしかない自分にイラついている。[*4]

そのことを痛感した語り手は、かつての恋人でおそらくは経済的にも対等の関係だった副嶋和哉に連絡をとる。別れたあとで「性別適合手術《SRS》」を受けたらしい和哉はすっかり「女性の声」になっていた。それ以来和哉とは月に一回程度電話でやりとりするようになっていた。

　東日本大震災が起こった顛末は、隣人の元学校の先生だった女性が郵便受けに配ってまわった、教え子の娘が書いた「三月十一日のこと」という新聞の投書欄のコピーによって読者は知らされることになる。その後、会社の同僚女性「西山さん」が、日浅が釜石で津波に流されたらしいと知らせてくる。そこで明かされた話によれば、西山さんは、語り手よりも前に、互助会に協力しており、なおかつ語り手よりも頻繁に入会を頼まれ、しまいには金も貸していたというのだ。しかしそれは、西山さんのほうを頼りにしていたという単純な話ではなさそうだ。語り手は、毎日、新聞の死者行方不明者の名前を確認し、三ヶ月たった六月に日浅の実家に彼の父親を訪ねる。そこで語り手は、日浅が四年ものあいだ学費をだましとって、大学には行っていなかったこと、そのことで家を追い出されたことなどを知ることになる。父親は「息子なら死んではいませんよ」と言い放ち、被災に乗じて窃盗をしている奴らのようになっているはずだという。日浅がとんでもない詐欺師だったという告白は、しかし語り手にとってネガティブに働くばかりではない。彼は西山さんのように金を無心されたわけでもないし、互助会への入会も一回しか頼まれていない。

＊4　アブデラティフ・ケシシュ監督『アデル、ブルーは熱い色』（二〇一三年）は、女性同士の恋愛を描く映画だが、同性愛関係をオープンにできるか否かという問題と階級格差が別れの一因として描かれていたことは、『影裏』にも通じる。

しかも四ヶ月ぶりにアパートを訪ねてきた日浅をアパートの前まで送り出たとき、エントランスに彼の吸った煙草が数本落ちているのを見つけているのだ。なぜ日浅はまるで語り手との再会を躊躇するかのようにそこで逡巡していたのだろう。日浅にとって語り手は最後まで金の無心にまきこみたくない人だったのではないか。はじめて語り手の部屋で飲んだとき、なぜ日浅は泊まっていけというのに、あえて代行タクシーを呼んで帰っていったのだろう。自身の性的指向を隠していたのは日浅の方だったのではないか。夜釣りに誘った夜、あんなにもイラついていたのはなぜなのだろう。また再び、語り手をだまさねばならない自分、格差を突きつけられた自分にイラついていたのではないか。

語り手の日浅への想いは、決して一方通行であったわけではないようにみえる。とすれば語り手には、日浅が窃盗団としてでもしたたかに生き延びていることを信じることが希望となるのである。

非常時の異性愛規範（ヘテロノーマティヴィティ）――垣谷美雨『避難所』

震災などの非常時には、異性愛規範（ヘテロノーマティヴィティ）が自ずと強化される。それはセクシュアルマイノリティの存在が平時にも体よく無視されて、社会にインクルーシブなかたちで包括されてはおらず、したがって非常時ともなれば、もともと目に入っていなかった存在は考慮にも入れられないせいだ。

『影裏』の語り手は、会社をやめて数ヶ月後に再会した日浅に対して、わざわざ互助会のちらしのうちの結婚式場に注目してみせて、「月々二千で挙式もできるのか。立派な式場じゃない、これ」「いや、あれからずっと考えてたから。実際月二千であの式場は魅力だよ」などと言わねばならなかったのだろう。ことによると、語り手は日浅が去った理由は、語り手がヘテロセクシュアルでないことに気づいたせいだと思い悩んでいたのではないだろうか。そのくせ、別れたときの和哉が家族の誰彼に結婚すると告げていたら「二人は結婚したんじゃないだろうか」と夢想しているのだから、まったく矛盾している。そもそも、セクシュアルマイノリティにとって、家族的関係こそが重荷になっているケースもある。現に和哉は兄が一人いるはずだが「その兄を含め家族とは疎遠のようだった。というより、何か深い断絶があると考えるほうが印象としては近かった」とある。当の語り手のほうも、震災後も妹としかやりとりしている気配がないのである。日浅の実家を訪ねたときに見た卓上ライターに「少年時代に家族で暮らした所沢の古い借家の光景が、まだ若かった自分の両親の姿とともによみがえった」といっている語り手は、日浅の父親が「もう父親ではないんですよ」「次男とは縁を切ったんですから」という姿に、自分の家族を重ねてはいなかっただろうか。

『影裏』が暗示するセクシュアルマイノリティの家族関係は、非常時の孤独を淡く連想させる。それはセクシュアルマイノリティの問題だけではない。非常時には、因習的なジェンダー規範もまた強化される。垣谷美雨『避難所』（新潮社、二〇一五年）[*5]は、震災の津波で被災したのち、避難所を飛び出して逃走した三人の女たちの物語だ。震災直後の避難所が主な舞台。あのとき、多くの被災者が体育館に詰め込まれ、寝食をともにした。わずかな食材をわけあう、控えめで辛抱強い人々の態度は世界中に報道されて称賛されたが、その陰には、我慢に我慢を重ねていた人たちもいた。せまい体育館のなかはまるで社会の縮図だ。避難所という閉鎖空間で女の生きにくさが濃縮還元される。男女が入り交じる体育館では、プライバシーもない。年中、他人の視線にさらされていては神経も休まらないが、ましてや若い女性となれば男性の視線から身を守る手段を失ってしまう。若い女は性的対象とされ、レイプ未遂も起こる。それはあってはならないことではなく、十分にあり得ることとして緊急避妊用ピルまで用意されているのである。

椿原福子は、ナガヌマ酒店の従業員だが、店主の奥さんのためにスーパーマーケットに夕食の買い出しに来ていて地震にあい、車で走っている最中に津波にのまれた。流されている民家のテラスに飛び移り、一命をとりとめる。福子は、仕事もしないで家で酔っ払っている夫がこれで死んでいればいいと願っていた。

漆山遠乃は生後六ヶ月の赤ん坊とともに夫の両親と同居している。小学二年生のときに事故で両親を亡くし、祖母と二人暮らしだった遠乃は三世代同居にあこがれていたが、実際に暮らしてみると気むずかしい舅にいじめられて肩身が狭いばかりだった。夫は公務員試験の勉強中で、合格して県庁職員になれば舅姑と別居することになっていた。ちょうど地震があったとき隣家の子連れの女性が連れ出してくれて津波を逃れた。

山野渚は、五年前に暴力をふるう夫と離婚して小学生の息子と故郷に戻ったシングルマザーだ。昼間は喫茶店、夜はスナックになる母親の店を手伝っている。自宅にもどって料理の仕込みをしているときに被災する。津波で家ごと流され濁流に飲まれて外へと放り出されたところを消防団に救助される。

この三人が同じ避難所に行き着き、物語が流れ出す。避難所に届く物資は、平等性を重視して全員分の数がそろうまで配ることはできない。乳飲み子を抱えて授乳している女がどんなに喉をかわかせ腹をすかせていても考慮はされない。阪神大震災の反省から真っ先に届いたダンボールの間仕切りも、自らリーダーを買って出た初老の男が「私だづは家族同然なんです。(略)だから互いに絆と親睦《しんぼく》を深めましょう。連帯感を強めで乗りきっていきましょうよ」と方針を決めたために使われていない。だから漆山遠乃は赤ん坊にお乳を与えたり、体を拭くのに毛布をかぶってしなければならない。着替えも毛布の中だ。夜中にトイレに行くために外に出れば男に襲われる。実際に、「阪神大震災の反省」から「緊急避妊用ピル」が避難所には届けられている。そんな事件があるのかと驚くとリーダーは次のように言う。

「そらあ家も流され仕事もなくしで男だづも苛々しでっがらね。そういうごどがあっでも仕方ねえだろうね。だがら女性のみなさんも勘弁すてやってね。男っでものはどうしようもねえ動物だがらね」

(『避難所』新潮社、二〇一五年、一四一頁)

＊5 のちに、垣谷美雨『女たちの避難所』(新潮文庫、二〇一七年)。

この一言で流れが変わり、椿原福子がリーダーになることになる。さっそく間仕切りが配られ、女性だけが利用できる部屋もできた。男たちが外に働きにでるようになると、女たちが調理場で料理を提供することになった。しかしがれきの撤去などで外で働く男たちには賃金が支払われるのに、家庭内で家事が無償であったのと同様、料理は無償労働だ。被災地でも女たちには金を稼ぐ手段がない。

三人の女たちがこの避難所の生き地獄を抜け出す決意をするのは弔慰金、義損金などの配布後だった。世帯主だけが手にすることのできる金。女はこんなときにも男の付属物でなければならない。椿原福子の夫は生きていて、義損金を全部つかってＢＭＷを買ってしまう。その後、パチンコですって、そのＢＭＷも借金の返済にあてられる。夫といる限り金は手に入らないどころか借金がかさむばかりだ。漆山遠乃は、義父に義損金をとられてしまい、手元に金がない。山野渚はスナックで街の夫たちをたぶらかしたというので、嫌われ者だ。息子はそのせいでいじめられ不登校になってしまった。

過酷な男性優位社会と縁を切り三人の女たちは東京へ向かう。『避難所』にはヘテロセクシュアルの家庭にあっても「家族」や「絆」はむなしく響くばかりの、「男尊女卑」で、「若い男の人が年寄りに遠慮して物が言えない」因習的な社会が描かれている。最後に東京の暮らしのたいへんさも書かれているのだが、それでもそこは女たちが仕事を得て、自立して生きることができる場所なのだ。『避難所』に描かれる女たちにとっての転機は二度ある。一つはいまみたように義損金の受け取りの問題である。家族という単位の中で、多くの場合女性は世帯主ではないから、受け取った金で相変わらず男性に養われる立場に置かれる。それは子どもと同じ立場だ。しかしより重要なのは、リーダーを女性に変える流れをつくった「緊急避妊用ピル」だ。「緊急避妊用」とはいっても、それは避妊のためにあるものではない。あくまでも性暴力が行われたあとでその被害を最小限に抑えて妊娠を防ぐためのもので、性暴力自体が前提とされているのだ。その上、このリーダーは「あどね、生理用品が必要な人は遠慮なく俺さひと声かげでね。たくさんあるがらね」とも言っている。妊娠や生理を含めて、女性たちの身体的な性を管理するのは男性だというわけだ。物語は結局女たちが東京に逃げ出すことで自由を得る筋立てになっているが、これは地方だから起きたことというよりは、むしろ現在世の中で起きていることの縮図だろう。少子高齢化問題が話題になるときには、出生率を上げる必要が説かれ、決まって女性が子どもを産まないのがいけないといった失言が政治家から出てくる。そもそも女性の身体を管理しようとする発言は男性優位社会の男性の論理なのである。家族重視の発言も同様だ。その意味で、非常時においてセクシュアルマイノリティと女性の置かれる立場は近似する。たとえば二〇一七年に排外主義を前面に出してアメリカ大統領にドナルド・トランプが就任するや、トランプが「金があれば、女はどうにでもなる、プッシー（女性器）をつかんだり」できるとした女性蔑視の発言が取りざたされ、女性たちは、プッシーのもう一つの意味である子猫をもじって、猫耳のついたピンクのニットキャップをかぶって抗議に乗り出したのだった。排外主義が吹き荒れる国で、人種差別と同時に起こっているのはマイノリティ差別と女性蔑視なのだ。

難民化時代の女たち——金原ひとみ『持たざる者』

女たちがこれまで積み上げてきた生活のすべてを捨ててここではないどこかへ向かおうとするのは、難民という事態が「自由」への逃走でもあるからだ。ならば女の物語とは難民を描くことなのかもしれない。震災後文学のなかで、地方から東京へ、あるいは東京から海外へと女たちは逃走する。

二〇一一年三月の東日本大震災による避難者の数は復興庁の調べによると二〇一五年九月一〇日の発表では、一九万五千人であった。[*6] 震災後数々の自然災害が発生し、二〇一四年八月二〇日には集中豪雨による広島土砂災害、二〇一五年五月二九日口永良部島の火山噴火、二〇一五年九月一〇日の台風による鬼怒川決壊、二〇一六年四月一四日、一六日の熊本地震など多くの避難者を出しつづけている。この列島に暮らす者にとって災害難民の可能性はもはや他人事ではない。その上、原発が次々と再稼働しているからには、多和田葉子「彼岸」(『献灯使』講談社文庫、二〇一七年)や深田晃司監督『さようなら』(二〇一五年)に描かれたように、どこかの原発が大爆発して日本人がボートピープルと化し、世界各国に難民として受け入れてもらう未来も全くの絵空事ではない。

福島第一の原発災害は目に見える避難者だけでなく、自主避難というかたちで人知れず国外へ逃れ去る例を生み出した。金原ひとみは自身もパリに移り住み、『持たざる者』(集英社、二〇一五年)[*7] でロンドンに自主避難した女性を描いた。

『マザーズ』(新潮社、二〇一一年)[*8]でもそうだったが、金原ひとみの描くママ友世界の身に迫るようなリアリティはいったいどこからくるのだろう。結婚して、子供ができて、でもまだ子供は小さくて手が離れないといった三〇代前半あたりの女たちの世界である。ママであろうがなかろうが、確かにこんな人たちを知っている気がするし、こんな気持ちを経験したことがあると思わせる。おそらくそれはママ友の世界が学校時代から馴染んできた日本的な女社会によく似ているからなのかもしれない。

震災後、母子避難ということばが聞かれるようになった。まだ幼い子どものいる家庭で、父親は仕事のせいで動けないが、母親と子どもだけでも被ばくリスクを回避するためにゼロ地点からなるべく遠くに移住した。中には海外へと移ったケースもあった。そのせいで離婚することになった夫婦もあった。

しかしだからといって、すべての母親が同じように放射能を恐れたわけでもなかったし、早々に気にしないことを心に決めた母親たちだって多くいた。放射能の被害が本当に現れるかどうか誰にもわからないし、避難すべきだったのか、とどまっていても問題がなかったかどうかの答えは、震災後六年(物語の時間においては三年)が過ぎてもまだわからない。放射能について気を付け

*6 二〇一七年九月二九日現在の避難者数は八万四千人である。
*7 初出は『すばる』二〇一五年一月号。
*8 初出は『新潮』二〇一〇年一月号~九月号、一一月号、一二月号、二〇一一年一月号~三月号。のちに、金原ひとみ『マザーズ』(新潮文庫、二〇一三年)。

ている人たちは、次第に気にしていないというほうに合わせるようになっていき、たとえ水はペットボトルのものしか飲まないようにし、食材は九州から配送してもらっているとしても、そのことを他人には言えずにいる。だから同じように放射能のことが気になっているという人を見つけられたなら、同志のような連帯意識が自然とわいてくるのだろう。

『持たざる者』は、原発事故に起因する母子避難を核として、放射能をめぐる対人関係の軋みを描く。Shu（保田修人）、Chi-zu（千鶴）、eri（エリナ）、朱里《あかり》と、ゆるやかにつながる四人の登場人物が順に主人公をとっていく。保田修人は、グラフィックデザイナーだが、震災後仕事ができなくなっている。若くして一躍有名になった修人は、世界が自分の意思で動かせるかのような「コントロール感覚」を持っていたが、放射能が東京に降っているという手におえない事態を前に、それを失った。その上、妻と生まれたばかりの娘を守ろうと躍起になって母子避難をさせようとして、かえって妻の反感を買うことになり離婚するに至る。

その経緯の聞き手となるのは、夫の駐在で海外に住んでいる友人の千鶴だ。千鶴も専業主婦だから、修人の身勝手さが目につくのだろう。なぜ一緒に逃げようとしなかったのか、生まれたばかりの子どもを抱えて頼れる人のいない土地へ行けというのはあまりに無情だと非難する。放射能をめぐる過剰反応と無頓着の二者はどちらにも等しく言い分があって、そこには答えなどない。子どもを守るために避難するという母子避難のあり方は、避難しないのは母親として失格だという意味を作り出し、結果的に母親であることを強要し、一人の女性としての生き方をないがしろにすることになる。

どんなに離婚率があがっても結婚は相変わらず人生を決する出来事だ。それゆえに結婚を決めるとき、そして結婚したあとも、女はどこかでそれとは別の人生を夢想する。千鶴にとって、結婚直前に、しかも夫となる人の子を妊娠したと知ったあとで性関係をもった修人はその「象徴」だった。そんなことはできやしないのだけれど、いつだって修人のところへ逃げていけると考えることで、ある種の虚しさをやり過ごしてきたのだ。どこか修人を思わせる名の息子、優斗が生まれると日常は安定するが、その幸せは長くは続かなかった。優斗が突然死するのである。子どもが痙攣を起こし、病院にかつぎこまれるまでの描写は、海外で子育てする心細さの何であるかが身の奥に伝わってくるようだ。フランス暮らしに馴染み、マルシェで店員と会話できるようにはなっていても、とっさに救急車を呼ぶことはできないし、病状を伝えることもできない。「いつになったら息子に会えるの？　いつになったら医者と話せるの！」とさけびながら、「今話したフランス語の中で自分が動詞の活用を一つ、冠詞を二つ、形容詞の位置を一カ所間違えていた事に気がついた」とある。慣れない外国語で話すとき、音がその直後に反芻的に戻ってきて、そのたびに間違いに気づかされることがある。息子の危篤を前にしていても外国語で話すことの呪縛を逃れられない。医者に「私の息子は何パーセントの確立で死ぬんですか？」と問うて、「ソワッサントプールソン」（六〇％）と聞き取ることができたとき、それが絶望的な答えであったにもかかわらず、言葉として理解できたという感覚によって千鶴は落ち着きを取り戻す。それは矛盾するようでいて、確かにそうだろうと感じられる。

息子の死後、再び修人と会った千鶴は、結局なにもかもをなげうって修人ともう一つの人生をやり直すことはできないと悟るのだった。だからこそ子どもを産んでも離婚をし、放射能が危ないからといってロンドンに母子避難し、若いダンサーにくっついてニューヨークに行ってしまう妹のエリナは、千鶴が、あるいはすべての女たちがあきらめたものを易々と手に入れる自由人として憧れと羨望そして蔑みの的となるのだ。

ロンドンに住まうエリナの周りに配されたママ友クロエ、ベルギー人の青年ユーリは欲望に忠実に伸びやかに生きていて、日本にいれば変人扱いのエリナも彼らといればごくふつうの女だ。千鶴に妹が母子避難していると聞いて修人はエリナにメッセージを送ってくるようになる。「イギリスでの生活、応援しています」といいながら、自分と同じ気持ちで避難しているエリナを支えにしているのは修人のほうだった。エリナとの交流を機に修人は仕事復帰へと歩みだす。

家族、学校、どこにも帰属意識をもてずに生きてきたエリナによって日本的な同質性が対照的にあぶりだされ、それこそが放射能問題を重くしていると結論づけたくなるが、最終章の朱里の物語でそんな単純な構図は打ち破られる。Shu、Chi-zu、eri とSNSのアカウント名で結ばれた三人に続いて登場する朱里は、一人漢字表記されるにふさわしく、とことん日本的な世界を生きている。朱里は、自らの思い描く完璧な家庭のあるべき妻像を演じることで満たされようとする主婦である。ところがロンドン駐在を終えて、夫の両親と同居するために建てた家に戻ってみたら、義兄夫婦が自分たちの部屋に居座っていたのである。しかも義姉は「気持ちの悪い」オタクのアイドルポスターを貼っていて、子供部屋は汚されてしまったと朱里は感じている。嫁としての節度を守りつつ、兄夫婦の追い出しにかかるが、彼らののらりくらりぶりは読んでいてイライラするほどで、こんなことがあったなら、まさにこのことこそが最大の懸案事項で、もはや放射能云々などという話よりも気にやむべき一大事にちがいないと思えてくる。この小説は避難することをただ是とするわけではまったくないのだ。

人は誰しも「持たざる者」にはなれない。きれいさっぱりと持てるものを捨て去って生き直すことは難しい。そんな日常の諦念も見据えた物語の懐の深さがある。

復興と同調圧力と——吉村萬壱『ボラード病』

二〇一七年一〇月二〇日『東京新聞』「こちら特報部」によると、二〇一七年四月一日に、政府は大幅な避難指示解除を行い、帰還困難区域のおよそ二万四千人を除いて、月一〇万円の慰謝料の支払いも打ち切られた。復興庁によると、一〇月一二日時点の避難者は、八万一八六六人だという。ということは、五万七千人余りの人々が、自費で避難していることになる。逆にいうと、いまだ線量の高い地域に、人々は資金の打ち切りによって帰還を促されているわけだ。これが原発事故から六年後の現状である。

吉村萬壱『ボラード病』（文藝春秋、二〇一四年）[*9]は、なんらかの事情で「もう二度とここには住めないと諦めかけた」街を復興させ、長い避難生活から八年前に人々が戻った海塚市を舞台とす

＊9　初出は、『文學界』二〇一四年一月号。のちに、吉村萬壱『ボラード病』（文春文庫、二〇一七年）。

る。そのときには多くの死者も出したようだ。市役所には「安全基準達成一番乗りの街・うみづか」という垂れ幕がかかっていて、この八年をかけて「変わり果てた海塚の街を」やっとのことで「再建」してきたのである。海塚の主要産業は「三つ葉化学」らしく、住民の父親はみなそこで働いている。語り手は小学五年生の大栗恭子だ。彼女が三歳のときに海塚に戻ったことになる。あとで明らかになるが、これは彼女が三〇歳を超えてから書いた手記だということになっており、「信頼できない語り手（unreliable narrator）」による語りが小説全体のしかけとなっている。物語の後半までは、大栗恭子は学校生活について行けないタイプのマイペースの児童のようにみえる。したがって、読者は、途中まで大栗恭子がどこかおかしいのだと思って小説を読みすすめることになる。

街のスーパーに売られている野菜や肉、米には「安全シール」「食品検査合格シール」「安心保証シール」などが貼られているが、母親は、カップラーメンや輸入缶詰など健康に良くない「安全な」食べ物を食べさせて、せっかく買った野菜や肉は「施設」に寄付するといいつつ、実際は捨てているのだった。母親もどこかおかしいと読者が思うように仕組まれている。

クラスの子どもたちはなぜだか次々に亡くなっていく。学校では海塚市の「結び合い」を教育している。震災後に喧伝された「絆」をあからさまに引用したことばだ。町内会の清掃運動に参加すると、海鮮丼をふるまわれる。恭子はもともと生魚が好きではなかったが、母親が絶対に残さず食べろという。なぜなら市民は行動をチェックされているからだ。汚染食品を忌避することは、「結び合い」の精神にもとるものとして排除されてしまうのだ。震災以降の私たちには馴染み深い、いわゆる「食べて応援」という「絆」のあり方だ。「食べて応援」はその食品が安全であるか否かを問わないことが条件だ。

人々は夢中になって「海塚讃歌」をうたい、恭子は「海塚市民はおかしい」と思いつづけていたのに、突如、「海塚に同調」しはじめる。しかしそれはその後すぐに隔離されてしまった語り手が、自らが正常であることを示そうとするための嘘なのだった。

最後に開き直った恭子が、隔離した何者かに洗いざらい本当に思っていることを訴える。そこで読者はこの街の秘密を知るのである。

「みんな毒に侵されて生まれてきた」子どもたちは早死にであるだけでなく、「まとも」な顔や体に生まれていなかった。小学生の恭子が、同級生の似顔絵を描く場面が幾度となく登場する。それが似ていれば似ているほど友だちを怒らせてしまう。「描いている内に、少しは似せなくてはという意識が働いてしまったことが、彼女を怒らせた原因だったに違いありません」と綴られ、その絵がなにかをあからさまにしていることが示唆される。

恭子は常々、母親に「友だちの似顔絵を描いたりすること」を「厳しく禁じ」られていた。恭子にとってそれは「見たままの」世界を否定することだった。だから建くんが描いた自身の似顔絵をもらって「その絵は、普通の絵とはまるで違っていました。(略)そして、やっぱり世界はこれで良かったんだ、見たままなんだと思いました。これは決定的な瞬間でした」として、恭子のみている世界が共有されていることを喜ぶのである。それがどのような姿なのかは描写されないが、小説のさいごに恭子の飼っていたうさぎには「前肢がなかった」ということでなんらかの身体的な形態変容を伴っていたことが暗示される。

私はこの部屋に鏡がないことに感謝しています。私の顔も体も酷いですから。この腕を見てください。このお腹も。浩子ちゃんとどっこいどっこいです。(略)みんな毒に侵されて生まれてきたのだからきっと国中の子供たちがこんな風になっている筈ですよね。そして私は自分が見ている世界が、本当の世界だと信じています。うーちゃんには前肢《まえあし》がなかった。

(吉村萬壱『ボラード病』文藝春秋、二〇一四年、一六三頁)

身体的な変容について、語り手は「みんな毒に侵されて生まれてきた」せいだと語っている。その「毒」が何なのかは語られていないが、湾岸地帯に建つ「三つ葉化学のコンビナート」に原因があるのかもしれない。そこは「海塚市民も沢山働いている」、街の主要産業らしい。震災にまつわることは何一つ語られていないし、放射能災がほのめかされているわけでもないが、舞台となる海塚市がかつての被災地であって、しかもどうやら汚染された土地であり、しかしなおも「三つ葉化学」を手放せずにいることから、原発災害を思い起こさせる。あるいはまた、工場排水によって海が汚染されたのかもしれないと考えれば水俣病も想起される。ここでの「毒」は、放射能災も含めた産業革命以後の公害史のすべてが読み込み可能なのだ。

この物語で問題とされているのは、「毒」によって身体的な変容があることそれ自体ではなくて、その変容をなかったことにしてひた隠しにする同調圧力のほうだ。

海塚だけが何の影響も受けずに済んで、ただ建物が壊れただけで野菜も肉も魚も皆安全で、そして海塚市民だけが健康体でいられるという神話を妄信することに町を挙げて猛進したのです。

（略）

ひょっとすると海塚だけでなく、この国全体が全てを無かったことと見做《みな》しているのかも知れませんね。あの規模を考えると、もう世界全体がこの茶番に参画してしまっているかも知れないし。

（『ボラード病』一六二、一六四頁）

海塚市は汚染をひた隠しにし、人々に「同調」を強要する。ここで物語世界はひといきに二〇一一年三月の原発災害後の日本社会に接続するのだ。語り手の父親は「反対運動みたいなことをして」、「捕まっ」ている。そのせいで語り手と母親はずっと監視されてきたのだった。そうしてどうやら語り手は、隔離された挙げ句、抹殺されるらしい。「三つ葉化学の炉で焼くのですか？」と尋ねていて、反対勢力の排除の物語は、社会の都合で人間を隔離し絶滅させるホロコーストの歴史へも結ばれているのである。

そんな物語を小学生を語り手としてはこび、最後のどんでん返しで鮮やかに明かす。巧みな物語構成のなかに薄気味悪い現実を浮かび上がらせる。そこに明らかにされているのは、かなり問題含みの表現ともいえる、なんらかの身体的変容である。「どうせ生まれた時からまともじゃないのです。見て下さいこの体を。誰がこんなにしたんですか？　全部、海塚のせいではないのですか?」と問うも、海塚市はそれをひたすらに隠蔽しようとしてきた。そしてそれは似顔絵を描くことで恭子がこだわっていたように、顔にも現れている。だから最後の最後に恭子は次のように言い放つのだ。

こんな顔でも、あなた方には美人に見えているんでしょう? だったら抱いてみろよ臆病者。

(『ボラード病』一六五頁)

本当は、異形の身体だと知っているのに、それを「みんなキラキラと眩しく、まるでお人形さんのように綺麗な友だち」と言い換える同調圧力への呪詛だ。「抱いてみろよ臆病者」と呼びかけられているのは、この異常を隠蔽しようとする側で、それらの人々はどうやら健常なのである。したがって、なんらかの汚染によって奇形児が生まれたという設定になっていることがわかる。[*10] ここで「抱いてみろよ」と呼びかけられている相手を考えるにこの物語でも女性の身体を管理するのは男性なのだ。男性の手によって管理された出生が奇形をもたらしているからこそ、その事実は隠蔽されねばならない。

結局のところ、同調圧力とは、反対意見を制することであり、自ら考えることを停止させることであり、デモなどの反対運動を圧することだ。だとするならば、すでに私たちは「同調」しているのかもしれない。そうしてそのように「同調」するなら、マイノリティの声はかき消されてしまう。マイノリティとは、社会が硬直すると真っ先になきものにされてしまう立場であり、震災後文学は、くり返し、そのことを教えているのである。

排除の物語――津島佑子の最期の小説

二〇一六年二月一八日に津島佑子が亡くなってから、「遺作」「絶筆」「絶筆長編小説」と帯のついた小説が『ジャッカ・ドフニ――海の記憶の物語』（集英社）[*11]、『半減期を祝って』（講談社）、『狩りの時代』（文藝春秋）とたてつづけに三冊も出版された。エッセイをまとめた『夢の歌から』

*10 川上弘美『大きな鳥にさらわれないよう』（講談社、二〇一六年）もまた、「汚染物質拡散」によって遺伝子異常が起こっている未来像を描いている。本作は一四話からなる連作短編集で、第四話に第三話の登場人物を再登場させることで、ゆるやかな連関がうまれ、大きな物語へと移行しはじめる。第一話で生殖機能が失われて、さまざまな動物の遺伝子を利用して人間が工場でつくられている未来が描かれる。ところが読み進めるうちに、人類は一度滅亡しているのだと気づかされる。滅亡の原因は第六話に明かされるように「暢気に大戦やらテロやら汚染物質拡散やらをめんめんと続けた」せいだ。滅亡危機に際して人類を延命させるための新たなシステムが構築され、クローンによる複製と生殖とによって変性人類は数千年ほど生き延びる。人工知能を搭載したクローン人間が「母」として子の見守り機能を果たす世界で、いまだに性交する種は貴重だが、人間らしさは破滅への道を加速させるばかりだ。人間は「何かを生みだす。そして、生みだすものより多くのものを破壊する」。人類は減少の一途をたどり、最終話では、最後のクローン人間であるエリとレマしか残っていない。エリは動物由来のクローン人間を発生させる方法を編み出し、理想郷のような町をつくる。この町が第一話の世界だ。最後まで孤立していた第一話が最終話に結ばれて全体が円環する構成である。原発事故が起こるたびに放射能汚染による遺伝子の損傷と生殖への影響が懸念されてきたのだから、これはあり得ない未来ではない。レマの次のことばを未来からの祈りとして私たちは受け止めねばならないだろう。「いつかこの世界にいたあなたたち人間よ。どうかあなたたちが、みずからを救うことができますように」。

（インスクリプト）を入れると実に四冊もの本が出たことになる。

二〇一一年の東日本大震災後、津島佑子は福島第一原子力発電所がメルトダウンし、放射能汚染を引き起こしたことにいち早くまた精力的に反応した作家だった。震災後に書かれた長編小説『ヤマネコ・ドーム』（講談社、二〇一三年）[*12]をはじめとして、以後に書かれた作品には、必ず二〇一一年の歴史的出来事として原発事故が描かれている。そこには、それをなかったことにするわけにはいかないという、作家の強い意志を読み取ることができる。

『半減期を祝って』には三作の毛色の異なる短編が並ぶが、表題作は、『群像』二〇一六年三月号の「30年後の世界――作家の想像力」という特集に寄せられたものである。三〇年後といえばセシウム137の半減期にあたる。半減期というのも不思議な言い方で、総量はともあれ半分になるということにどれほどの意味があるのか実はよくわからない。世間ではセシウム、セシウムといって、しきりとシーベルトだのベクレルだのによって数値化するが、そもそもどのぐらいの値からが危険なのかもわからない。しかも物語のなかでは、向こう三〇年のあいだに再び地震がきて原発で事故が起こり、「新しい放射性物質がばらまかれ」ているのだから、この半減期はちっとも喜ばしいものではない。要するに、今後もこのような事故が起こり続けるだろうが、時がたてば必ず半減期はやってくるのだから、そのことをひとまず歓迎しようということで、お祝いの行事が執り行われるのだ。

主人公の老女は、事故現場に近い家から逃げて避難者用の超高層住宅に住んでいる。そういう人々が、この半減期を機に故郷を見にでかけた。放射能は目に見えない。だからそこに変化などあるはずもない。

以下、震災から五年の間に噴出した、ありとあらゆる危機的兆候が未来世界に移し替えられて列挙される。それはたしかに今を生きる私たちが感じている不安なのだが、ぼんやりと兆しているものを、この小説は、つまりこういうことでしょ？　とあからさまにしていくのだ。醜穢を次々にさらされて、作家の露悪を恨みたくもなるが、しかしこれは真実なのだ。

新たな原発事故が起きるのと前後して、独裁政権がバックアップする「愛国少年（少女）団」略して「ＡＳＤ」が組織されるようになる。ＡＳＤだなんて、ＡＫＢみたいで思わず笑ってしまうけれど、これは「反社会的人間を駆り出す役目」を負う集団だ。

ＡＳＤの少年、少女たちは、一八歳になればそのまま国防軍に入る。だからといって、日本が戦争中だというわけではないらしい。日本なんて、事故を起こした原子力発電所にミサイルを一発お見舞いするだけで、あっという間に滅亡させられるからだ。それだというのに政府は「神がかった独善的な政策を曲げず、どんな国だろうと、相手国を挑発しつづけている」というのだ。戦争法と呼ばれる安保法制ができあがった現在に重なり、これは笑いごとではない。「現政権はオリンピックの熱狂の余波から生まれた」というのも、いかにもありそうどころかすでに私たち

＊11　本作については、別に論じた。木村朗子「ことばの揺りかごにゆられて――『ジャッカ・ドフニ――海の記憶の物語』を読む」『津島佑子――土地の記憶、いのちの海』河出書房新社、二〇一七年。のちに、井上隆史編『津島佑子の世界』（水声社、二〇一七年）所収。
＊12　初出は『群像』二〇一三年一月号。のちに、津島佑子『ヤマネコ・ドーム』（講談社文芸文庫、二〇一七年）。

の「現政権」によって醸成されたムードそのものである。

さらに笑えないのは、ＡＳＤに入れるのは純粋なヤマト人種だけで、アイヌ人、オキナワ人、チョウセン系、トウホク人は入団を許されないどころか「排除」されていることだ。一九二三年、関東大震災のあと、集団パニックから朝鮮人虐殺という暴虐行為におよんだ歴史があるように、東日本大震災以降、ヘイトスピーチなるものが台頭して露骨な差別が路上を闊歩している。日本社会だけではない。排外主義は、テロ、経済不況などあらゆる危機に直面する世界中ではびこっている。それはまったくその通りなのだが、「トウホク人の数はヤマト人よりはるかに多いので、「病院」に入れる余地はすぐになくなり、逮捕されると、そのままとくべつな「シャワー室」に送られてしまうのだという」のように、アウシュヴィッツを引用してトウホク人差別が語られると、やはりたじろいでしまう。けれど巨悪などがなくても人間の残虐さはいつでも発揮されるというのが歴史の教訓である。物語において、差別された人びとは、政府方針によって事故現場近くの汚染地域の定住を許可されるようになり、ヤマト人種にかわって事故現場の作業を請け負うことになる。多かれ少なかれ、いまでも危険な現場の労働は、格差の構造そのものに頼って成り立っている。それはつまり、たとえ緩やかな毒だとしてもシャワー室に送り込むのと同じことではないのか。

物語内物語として語られるトウホク人の少年とヤマトの少女との悲恋譚の結末が、逃避行の挙句、妊娠した少女の中絶手術で締めくくられるのは、『葦舟、飛んだ』（毎日新聞社、二〇一一年）で津島が追った主題だ。戦後の生まれで、戦争の尾っぽを踏んでいたのにもかかわらず、実態を知らずに大人になったことを悔いるかのように作家と同年代の登場人物に敗戦直後の満州、ハルビンの歴史を辿らせ、「外地」でのレイプと日本帰国後の公的機関による組織的堕胎の問題をひきずりだした。最期の短編もまた、こうした長編物語の骨太なテーマにしっかりと結ばれている。他に、「ニューヨーク・ニューヨーク」、「オートバイ、あるいは夢の手触り」の二作を収める。いずれも離婚して一人で生きる女が主人公だ。とくに後者は、フランス海外県の南の島にオートバイを取り寄せて乗り回した女の挿話が爽快だ。困難を抱えて生きる女たちに寄り添う語り口に、この作家のもう一つの側面が凝縮されている。

ところで「半減期を祝って」に描かれた「純粋なヤマト人種」しか入れない「ASD」という不穏な団体は、ナチス・ドイツが組織した青年団ヒトラー・ユーゲントに似ている。そして同時に移民差別、外国籍の差別などの横行する現代社会によく似ている。ヒトラー・ユーゲントは一九三八年に来日しており、北原白秋が作詞した『万歳ヒトラー・ユーゲント』なる曲までつくられ熱烈歓迎されていたのだった。その出来事を描いたのが『狩りの時代』である。

絵美子は、障がい者の兄、耕一郎について「こうちゃんは「フテキカクシャ」なんだよ。もう、うんざりだ」とささやかれた記憶にこだわっている。あの不穏な感じは何だったのか。自分の身さえ危うく感じたのはなぜだったのか。「フテキカクシャ」ということばはいったいどこから出て来たのか。次第にあきらかになってくるのは、幼年時代、山梨にやってきたヒトラー・ユーゲントを見に出かけ、金髪碧眼の青年にどうしようもなく惹かれてしまった創おじや、原子力という科学技術に惹かれた永一郎おじの姿だった。戦争が残したのは従軍と戦死の物語ばかりではなかった。物語は、あのときの優生思想あるいは原子力推進に私たちはいまだにからめとられたままなのではないかと問いかけてくる。

『ジャッカ・ドフニ——海の記憶の物語』もまた迫害をテーマとした物語である。一七世紀に弾圧を逃れてマカオへ渡ったキリシタンの少年少女を描きながら、アイヌ人、キリシタン、そしてヒバクシャとをつなぐ。自らの出自を引け目に思って生きている人々が確かにいる。津島佑子の作品は、そうしたマイノリティに寄り添いながら見て見ぬフリの社会の欺瞞を暴いているのである。

第二章　フクシマとは何か

フクシマという問題系

二〇一四年一〇月一三日に、エルフリーデ・イェリネクの戯曲『光のない。』の日本語公演を見る機会を得た。イェリネクは警戒区域に残された被曝死者たちの身体からことばを紡いでいく。

（……）死者たちは光《こう》–線《せん》を放つ、彼らは話しかけない、彼らに話しかけることはできない。わたしはあなたに私の音を貸す、あなたがあなたの音を聞かずにすむように。それをあなたは望む。最後の最後で誰かが割り込み、あなたから音を奪うことを。あなたの音は望みどおりに流れないのか。わたしの音なら届くと思うのか。わたしは第二ヴァイオリンに過ぎない、わたしはあなたに付き添う、だがまだ見えない、どこへ、だから進む、ますます熱心に速く。

（エルフリーデ・イェリネク（林立騎訳）『光のない。』白水社、二〇一二年、九〜一〇頁）

わたしたち自身が光-線を放つだろう！　想像してほしい！　わたしが言ったとおりだ！

わたしたちはそのときも聞かれない、わたしたちは聞こえない以下になる、もしそんなことがあれば。そう、だがわたしたちは光-線を放つ。わたしたちが光を与える！　青い光を放つ！

すごいだろう！（略）

（……）豊かな者はあなたを毒す、汚染する、放射線で汚す、だがあなたから盗むことはない、正反対だ、豊かな者はあなたに与える。あなたに光を与える。だがじきにあなたは依存する、そう！　あなたは光-線を放つ！　あなた自身が光を与えるようになる、母が母乳を与えるように！

（同、六〇、六一頁）


放射性物質は、小林エリカの『マダム・キュリーと朝食を』（集英社、二〇一四年）、『光の子ども1・2』（リトル・モア、二〇一三、二〇一六年）[*1]などにみられるように、通常、光の比喩で語られるのがふつうだが、イェリネクはあえて「光のない」と題して、放射性物質を音の比喩で語り取っていく。しかし事実として放射性物質は目に見えないのであって、私たちはその存在をガイガーカウンターの鳴らす音で認知してきたということがある。ヴァイオリンが持ち出され、確かにガイガーカウンターの立てる音は、弦のきしむ音に似ているようにも思えてくる。

「地点」という劇団による演出では、コロスを担当する人々がオーケストラボックスに寝転び、はだしの足を舞台の上に投げ出して声をのみ響かせていた。暗い水底のような舞台に突き出した裸足の足の群れ、顔のない身体の部分は死者たちのようにもみえる。すべてのセリフは、通常の日本語の音声からかけ離れた奇妙な区切りとイントネーションで語られ、観客は、半歩ほど遅れて言葉と文章に追いついていく。ちょうどそれは外国語を聞いているときの遅延の感じによく似た効果をあげていた。文章として聞きにくいぶん、言葉はするすると流れてはいかず、ところどころの言葉がこちらに飛び出してくるように感じた。そうして拾われた言葉の一つ一つはいかにも重く、まさに二〇一一年以降のフクシマの問題が投げられているのだった。「計画停電と情報隠蔽」「放射性粒子」……「わたしたちの生は半減期にも達しない」。

不自然な音声に耳慣れた終盤になって、突如はっきりと意味を結ぶ一群の言葉が入り込んでくる。

ひとびとは大切な子供たちを外国へ疎開させる、彼らの邪魔をしないでほしい、彼らはあなたたちの頭上を難なく越える、向こうなら助かるはずだから！（略）彼らは正しい！　まさに正しいことをしている！　唯一の正しいことをしている！　正しいことを正しい時にしなかっ

＊1　小林エリカは、放射能の歴史にこだわりつづけている。小説の『マダム・キュリーと朝食を』（集英社、二〇一四年）と『光の子ども1』（リトル・モア、二〇一三年）は対になる作品。後者はジャンルとしてはマンガだが、アート・ブックといったほうがよいような濃密な本である。『光の子ども1』では、東日本大震災による福島第一原子力発電所のメルトダウン事故を起こした年に生れた光が、タイムスリップしてキュリー夫妻がラジウムを発見する頃のパリに飛ぶ。続編『光の子ども2』（リトル・モア、二〇一六年）では、第二次世界大戦に突入し、広島に原爆が落とされるまでの時間の放射能の歴史を追う。

た者は死なねばならない。(略) 皮膚にあたった放射線を嗅ぎ取ることはできない、ツイートならできる、だがそれよりいいのは、最もいいのは、安全な場所に避難すること。安全、この時代の唯一の出口。安全の最優先。安全だけが長期的に役立つ。安全は絶対に続かねばならない、ついに確保されたなら。
(『光のない。』三七、三八頁)

あまりの率直さにたじろぎながら、これは福島で上演できるだろうか、ということが頭をよぎった。なぜだろう。福島第一原子力発電所の機能不全と崩壊事故を起こした原発にその土地の名が冠されているからだろうか。原発立地の自治体を中心点として多くの町村が警戒区域として立ち入り禁止になった、そのことが問題なのか。それとも今なお住まっている県民に対する配慮の問題なのか。

実際のところ、放射能、放射性物質による汚染という事態については、福島県外にも深刻な被害をもたらしているのであって、フクシマは福島県だけの問題では全くない。放射線量の高いホットスポットを持つ各県と福島県との違いはなにか。つまるところそれは、被災者とはいったい誰なのかという問題に他ならない。どこまでが被災の範囲になるのか。本来、そこにははっきりとした境界がないはずであるにもかかわらず、福島第一原子力発電所の過酷事故は、二〇一七年九月現在、一年間の積算放射線量が二〇ミリシーベルト以上であるかどうかを基準に、帰還困難区域、居住制限区域、避難指示解除準備区域などに避難区域が区分けされており、居住制限と賠償金の線引きがなされている。この範囲内にあることが、被災者だといえる条件なのだろうか。

あるいは、一九八六年のチェルノブイリ原子力発電所事故が、「チェルノブイリ」と呼ばれているように、福島第一原子力発電所の事故が世界中で「フクシマ」と呼び習わされるようになったせいで、避難区域にあろうがなかろうが、「福島県」こそが被災地であるかのように錯覚させられているのではないか。そこに福島県への配慮が醸成されるようになれば、福島県に住まっている（／いた）かどうかで発言をはかりにかけられるようにもなるだろう。しかし「フクシマ」が「福島県」の問題だとするのはまったくの誤りである。チェルノブイリと言ったときに、世界中の発言が排除されないのと同等にフクシマは世界中で語られるべき課題としてある。イェリネクのなんと堂々としていることか。しかも彼女には是非にも語るべき経験があったはずだ。オーストリアはチェルノブイリの被災地なのだから。

日本語版に付された林文騎による「訳者あとがき」によれば、イェリネクは戯曲『光のない。』を震災後の八月末に書き上げ、二〇一一年九月二九日には上演されたという。その後一二月二一日に全文が自身のウェブサイトで公開された。この瞬発力を「不謹慎」だとして批判することなど到底できない。倉林靖『震災とアート――あのとき、芸術に何ができたのか』（ブックエンド、二〇一三年）によると、安易に震災を語るのは不謹慎であるという意見は芸術表現にも言われていた。本来、芸術作品とは、そんな遠慮のなかで表されるべきものではないはずだ。

震災後、「アウシュヴィッツ以後、詩を書くことは野蛮である」というアドルノの言葉がこれ見よがしに引用され、それはたいてい、だから黙っているべきであるといった文脈に用いられていた。

たとえば、浅田彰は東浩紀との対談で次のように述べている。

「(略) しかし、そもそもアートというのは――そして今日の話題では思想というのも――即効性をもつものではなく、むしろいま受け止めた衝撃を後になって間接的な、そしてしばしば意外な形で表現するものなのだから、まずはじっと現実を受け止めればいいので、妙に浮き足立つ必要はない、と。/その意味で、一斉に震災のことを語り始めた文化人たちの姿に、僕は一貫して強い違和感を覚えたんですね。管見に触れたかぎりいちばんましだと思ったのは、哲学者はこういうとき何の役にも立たないのだから「正しく昼寝をしているべきだ」と言ったドゥルージアンの檜垣立哉だけど、彼はそう言いながらもエッセーを書いてしまっている(『思想としての3・11』河出書房新社) ところが不徹底なので、僕は実際に昼寝をしていただけです。(略) しかし、そもそも「私は完全に死んだ」(マラルメ) というところから出発したのが近代詩であり、「アウシュヴィッツのあと詩をかくことは野蛮だ」(アドルノ) と言われながらなお詩を辛うじて生き延びさせるためにツェランのような人がつくりだしたのが現代詩でしょう。(略) これは極端な例だけれど、書きあぐねていた小説が震災後書けるようになったなどと平然と口にする――しかも「他人の不幸を飯のタネにするのが物書きの業だ」という露悪的姿勢さえとらずに――小説家も含め、驚くほど多くの文学者たちがいっせいに発言し始めたのには、率直にいって愕然とした。「少なくとも黙っていることくらいどうしてできないのか」というのが、僕のずっと感じていたことでした。*2」

しかし、アウシュヴィッツ以後、詩は書かれ続けたし、文学もなくなってはいないということは、オーストリアでドイツ語文学を発信しているイェリネクにとっては自明のことだったにちがいない。表現が拙速であり、無力であるという指摘は現在からふり返ってみてもあたらない。むしろ、あの時に感じた衝撃が薄れていくにつれてますます重要さを増しているし、事実、今になっても論ずべき価値のある作品が多く生み出されていたのである。

多木浩二によると、そもそも、先のアドルノの言はのちにアドルノ自身が「永遠につづく苦悩は、拷問にあっている者が泣き叫ぶ権利をもっているのと同じ程度には自己を表現する権利をもっている。その点では「アウシュヴィッツのあとではもはや詩は書けない」というのは、誤りかもしれない」と言い直している。その上で多木は次のように述べている。

私は人間の存在についてのあらゆる考察が、これまでどおりにはいかなくなったということには同意しよう。しかし、「アウシュヴィッツ以後、詩を書くことは野蛮である」というアドルノの言葉には賛成できない。ほんとうは詩を書くことによってしか乗り越えることのできない状況だったのである。[*3]

＊2　浅田彰・東浩紀「「フクシマ」は思想的課題になりうるか」『新潮』二〇一四年六月号、四二一頁。

＊3　多木浩二『戦争論』岩波新書、一九九九年、一〇八頁。倉林靖『震災とアート――あのとき、芸術になにができたのか』（ブックエンド、二〇一三年）に教えられた。他に細見和之『フランクフルト学派――ホルクハイマー、アドルノから21世紀の「批判理論」へ』（中公新書、二〇一四年）が、アドルノの発言の真意を追っている。

多木はここで、アウシュヴィッツのような大量殺戮は、人の生命を管理する近代社会から必然的にうまれたことを明らかにした上で、次のように述べている。

現実に今、アウシュヴィッツを訪れようと、広島の平和記念資料館を見に行こうと、そこで観覧できるものと実際に起こったこととの溝は埋められない。われわれがいかに想像力を働かせても、ガス室で起こったことも、瞬間の閃光と熱と爆風の下で生じたことも表象することはできない。しかし、戦争は経験したものにしか分からないという議論には賛成しかねる、われわれは歴史を学習し、その意味を考えることはできるのだ。それが歴史の現在を生きることである。[*4]

つまりフクシマという論題は、歴史を引き受けることなのである。その意味で、フクシマは、チェルノブイリがそうであったように、あるいはそうであるべきであったように、世界に共有される懸案事項であり、世界の文学界の関心事なのだ。[*5] だからこそ、フクシマが喚起したのは、ヒロシマ・ナガサキだけではなく、ホロコーストでもあり、[*6] ミナマタでもあったのだし、[*7] また3・11は9・11との連関におかれることにもなったのである。[*8]

放射能災としてのフクシマ

放射能災については、いまやもっとも語りにくいことになってしまっている。*9 放射能被害を怖

*4 多木浩二『戦争論』岩波新書、一九九九年、一一九〜二〇頁。

*5 外国語作品はイェリネクのほかに、ルース・オゼキ（田中文訳）『あるときの物語』（早川書房、二〇一四年）がある。原書の出版は二〇一三年である。（Ruth Ozeki, *A Tale for the Time Being*, Canongate Books, 2013.）

*6 ジャン＝リュック・ナンシーは、ホロコーストの問題と重ねてフクシマを思考する。ホロコーストは無辜の市民の大量虐殺の歴史として、ヒロシマ、ナガサキと重ねて考えられてきた。フクシマは、日本にとってヒロシマ、ナガサキに連なる被曝の歴史として理解される。（『フクシマの後で――破局・技術・民主主義』以文社、二〇一二年）

*7 佐藤嘉幸、田口卓臣『脱原発の哲学』（人文書院、二〇一六年）は、放射能災を公害史のなかで思考する。

*8 二〇〇一年九月一一日にアメリカの主要な建物を狙った「アメリカ同時多発テロ事件」では、ニューヨークの貿易センタービルにつっこんだ飛行士を「カミカゼ」と呼んだわけだが、二〇一一年三月の福島第一原子力発電所の事故処理にあたった作業員、いわゆるフクシマ・フィフティ（Fukushima50）と呼ばれた東京電力社員らもまた、大義のために自らの命をものともしないという意味で「カミカゼ」のイメージで理解された。たとえば、ドイツのAlfashirtは、「特攻」という漢字の踊る旭日旗に重ねた兵士の絵に「フクシマ50 始末人」（Fukushima 50 Liquidator）とロゴを入れたマグカップやTシャツを販売した。

一方で、フランスの児童文学の作家、クリストフ・レオンは『ぼくのパパはヒーローなんかじゃない』において、奈良に移り住んだ一四才の少年が、東京電力社長に手紙を書くという体裁で、フクシマ50として働いた父親が半年後に亡くなったことをつづり、「ぼくのパパはヒーローなんかじゃない。犠牲者なんだ」と語らせている。（Christophe Léon, *Mon père n'est pas un héros*, Oskar, 2013, p.35.）

*9 この問題については前著『震災後文学論』でも指摘したが、共同体において、被曝の恐れを自由に語ることが徹底的に抑圧されたことは、たとえば玄侑宗久「アメンボ」『光の山』（新潮文庫、二〇一六年）、吉村萬壱『ボラード病』（文春文庫、二〇一七年）などの小説作品の他、自身の体験をもとに書かれたドキュメント、岩真千『「旅する蝶」のように――ある原発離散家族の物語』（リベルタ出版、二〇一七年）などにも描かれている。

れる母親たちは、気にしないと決めた母親たちに爪弾きにされる。そのことはたとえば、園子温監督『希望の国』（二〇一二年）、内田伸輝監督『おだやかな日常』（二〇一二年）などに表現されてきた。放射能を怖れて自主避難を決めた人々は「放射脳」と揶揄された。恐怖で脳がいかれているとでもいった意味だろう。しかし実際には避難指示など出ていない地域にも放射能の被害は確かにあった。

福島第一原子力発電所の爆発の二週間後の二〇一一年三月二三日には、東京の金町浄水場から放射性物質が検出され、一部の地域については水道水を乳幼児には与えないよう指示がでた。*10 二〇一一年六月九日には静岡県のお茶から原発事故後に通常の五倍に引き上げられた暫定規制値、一キログラム当たり五〇〇ベクレルを上回るセシウムが検出された。*11 二〇一一年一二月六日には、生後九ヶ月以降の乳幼児向け粉ミルクから最大一キログラム当たり三〇・八ベクレルの放射性セシウムが検出された。*12 暫定規制値（一キログラム当たり二〇〇ベクレル）を下回っているにもかかわらず、製造元の明治は無償交換に応じたのは、安全対策を万全にして信頼を得るとともに母親の心情を気遣っての措置だったろう。原料の脱脂粉乳はすべて震災前に加工されたものであったし、大半は海外からの輸入品であり、放射性セシウムの由来は、原発事故後に大気中にあった放射性セシウムが乾燥させる過程で混ざったということらしい。*13 だとすれば、食物だけでなく呼吸する息にも危険があるということになる。工場は埼玉県春日部市にあった。被災の範囲は明らかに危険区域を示す同心円を逸脱していた。

こうした報道があるたびに被曝あるいは内部被曝の不安はつのっていく。しかし政府が決めた避難地域に入っていなければ、そこから抜け出すのは個人の資金力次第ということになる。安全は格差が補償したのである。その意味で、福島第一原子力発電所の爆発事故は、安全な生活を守

＊10 二〇一一年三月二四日付『日本経済新聞』朝刊に次のように報じられた。「東京都は23日、金町浄水場（東京・葛飾）で水道水1キログラムあたり210ベクレルの放射性ヨウ素を検出したと発表した。福島第1原子力発電所の事故の影響とみられる。乳児向けの暫定規制値100ベクレルを上回り、都は江戸川から取水する金町、三郷の両浄水場から配水する東京23区や武蔵野、三鷹、町田、多摩、稲城の5市を対象に、1歳未満の乳児に水道水を飲ませることを控えるよう求めた」。

＊11 二〇一一年六月一〇日付『日本経済新聞』朝刊に次のように報じられた。「静岡県は9日、県内の一番茶を対象にした販売前の「製茶」の放射性物質検査で、静岡市内で摘まれた茶から政府の暫定規制値（1キログラム当たり500ベクレル）を超えるセシウムが検出されたと発表した。県は同日、放射性物質が検出された1工場に出荷自粛を要請した。国の規制値を上回ったのは静岡市葵区の藁科地区で摘まれた「本山茶」。679ベクレルのセシウムを検出した」。

＊12 二〇一一年一二月七日付『日本経済新聞』朝刊に次のように報じられた、「食品大手の明治（東京・江東）は6日、生後9カ月以降の乳児向け粉ミルク「明治ステップ」（850グラム入り缶）の一部製品から、最大1キログラム当たり30・8ベクレルの放射性セシウムを検出したと発表した。検出された製品と同期間に生産した粉ミルクは約40万缶で、同日から無償交換に応じている。厚生労働省は「暫定規制値（同200ベクレル）を下回っている」として回収は命じない。同省によると、福島第1原子力発電所の事故後、粉ミルクから放射性セシウムが検出されたのは初めて。明治によると、検出されたのは埼玉県春日部市の埼玉工場で3月14～20日に原料を乾燥させる工程を経た製品。消費者から「放射性物質を検出した」との指摘を受け、今月3日検査したところ、来年10月4、21、22、24日が賞味期限となっている製品から同30・8～21・5ベクレルの放射性セシウムを検出した。原料の脱脂粉乳はすべて東日本大震災より前に加工されたもので、一部は北海道産だが大半は米国やオセアニア地域からの輸入。同社は「加熱した大量の空気で乾燥させる製造過程で、福島第1原発事故により放出された大気中の放射性セシウムが混ざった」とみている」。

られるべき人とそうでない人が経済力や情報収集能力などによって腑分けされる事態であったといえる。だれもが逃げ出せる状態ではなかったことを思えば、イェリネクの「ひとびとは大切な子供たちを外国へ疎開させる、彼らの邪魔をしないでほしい、彼らはあなたたちの頭上を難なく越える、向こうなら助かるはずだから！」というセリフは少し残酷な物言いであったかもしれない。海外に子供たちを「疎開」させることができたのは、実際には一部の恵まれた人たちに過ぎなかったのだから。避難指示がでていないにもかかわらず、自らの判断で避難した人たちを「自主避難者」と呼ぶ。二〇一五年一二月二五日付『日本経済新聞』によると、これらの避難者にも住宅無償提供などが行われていたが、二〇一六年度末で打ち切り、その代わりに低所得世帯や母子避難世帯に家賃補助を出すことが決まった。同記事によると、福島県内外の自主避難者は七千世帯を超え、約一万八千人にのぼるという。

二〇一七年になって、福島から避難した子どもたちの多くは学校でいじめにあっていることが次第に明らかになり文科省が実態調査にのりだした。*14 新潟県に避難した女子生徒が「菌」と呼ばれたりしたのは、*15 放射能に対する忌避意識なのだろう。一方で、自主避難は、そこに留まった人々との間に軋轢をうんだ。避難することがイェリネクのいう「唯一の正しいこと」であるならば、なぜ自主避難者は「逃げた」と後ろ指をさされねばならないのだろう。*16 それは、できることなら自分も逃げたかったという残された者たちの羨望なのだろうか。自分だけいい思いをしてずるいというお金持ちをうらやむようなやっかみなのだろうか。経済的余裕によって命の重さを価値づけられたせいで、まるで助かる価値のない者だということを思い知らされることとなった、その絶望のせいだろうか。そこに留まることを決めた住人にとって、自分たちの住処や暮らしを「汚染」されたもののように扱われるなどは耐えがたい屈辱だ。だからこそ放射能の「汚染」や「安全」の議論はすれ違いつづける。福島の放射能の値は高くないと言うとき、その「福島」から福島第一原発の立地するグラウンドゼロは除外されている。原発周辺の帰還困難区域も排除さ

＊13 関口涼子は、著書『渋み』のなかで柿のしぶをとりあげ、柿は秋の景物として俳句にも詠まれ、北海道と沖縄を除く日本のほぼ全域で栽培されている国民的果物であると説明する。加工品である干し柿もまたさまざまな種類のものが多く生産されていると述べた箇所に関口は次のような注を付している。「福島県は、日本有数の干し柿の生産地（年間二五〇〇トン以上）として有名である（であった）」。ここに、「である（であった）」と二つの時制の動詞を重ねることによって、関口は、木々と土壌が汚染されただけではなく、空気にも放射性物質が舞っているなら、それまで干し柿の主要な産地であった東北地方では、もはやそれを生産できなくなることを示唆していると読むことができる（Ryoko Sekiguchi, *L'astringent*, Argol, 2012, p.25.）。ただし、二〇一五年一月一七日付『東京新聞』によると、福島県は、二〇一五年から再び干し柿の製造および販売を開始している。徹底的な樹体と地面の除染を行い、出荷前には放射性セシウムの濃度をモニタリングしているという。

＊14 二〇一七年四月一一日付『日本経済新聞』によると、文部科学省の調べで、「東京電力福島第1原子力発電所事故などの影響で福島から避難した児童生徒へのいじめが2016年度には129件あった」という。いじめは見逃されていることが多いから、実際にはこの数よりは多くのいじめがあるのだろう。

＊15 二〇一七年一月二一日付『日本経済新聞』は、次のように報じた。「東京電力福島第1原子力発電所事故で、福島県から新潟県下越地方に避難している公立中学1年の女子生徒が、複数の生徒から「菌」と呼ばれるなどのいじめを受けていたことが20日、新潟県教育委員会への取材で分かった」。

＊16 二〇一四年三月五日付『日本経済新聞』に次のようにある。「自主避難した母親たちから「地元から『逃げた』と思われている」「親しかった友人と連絡が途絶えた」といった相談を受ける。「故郷に残る家族や知人に対する肩身の狭さを感じている」と指摘する」。

れている。避難指示の出なかった地域にいる者だけが福島の安全を主張できるわけだ。しかしたとえば双葉町、大熊町などの原発立地町の、町全体をまるごと失った人々にそれは言えない。その町の人にとってそここそが「福島」なのだから。

しかし、問題の核心は放射能汚染による実際的な健康被害にあるわけではないだろう。そこに住み続けても、あるいはそこで収穫されたものを食べても人が生きられないほどの被曝はないという議論は、放射能被害の実態を誰も正確にははかることができないという一点において意味を持たない。「安全」だと思い決めた人々にとっても、「危険」視する人々にとっても、そこに共通しているのは、放射能という見えない存在の不確かさや気味の悪さに耐えられないという問題なのである。食事のたびにきざす得体の知れない不安に人は耐えられない。同じような得体の知れない不安から発して振り子は真逆に振れる。

問題は得体の知れない不安にある。それがフクシマのもたらしたものであり、フクシマの核心なのである。そして私たちはそうした漠然とした不安に、あれ以来とり憑かれているのだ。[*17]

多和田葉子の震災後文学

震災の直後、フランス及びドイツは、在日の同国人に対して避難勧告を出しチャーター機を手配した。日本にいた人たちが次々にヨーロッパに戻っていく光景は、海外にいる日本人たちの、二度と日本に行けないかもしれない、帰る場所を失うかもしれない恐怖をかきたてただろう。べルリンに住む多和田葉子は、震災後、とくに原発災害に焦点をあてて精力的に作品を発表してきた作家である。二〇一四年に刊行された『献灯使』(講談社、二〇一四年)[*18]は、最初期の二〇一一年から二〇一四年までの作品を一望できる、戯曲を含んだ小説集である。『献灯使』の出版をめぐるインタビューで、多和田は、震災当時、ドイツでは早くから福島第一原子力発電所の「メルトダウン」が報じられていたことから「日本にはもう行けなくなってしまうのではないか」とすら思ったと語っている。[*19]帰れないかもしれないという恐怖は、その切実さにおいて、福島の帰還困難区域の人々が味わったものと同等のものだったといえるかもしれない。それは、何事もなく自宅に留まり生活をつづけられた日本の多くの人々が想像もしなかったような事態だったはずだ。そのように考えるなら、海外在住の日本作家たち、日本に関わりのある作家たちが一斉に声を挙

＊17　藤田直哉は「〈生〉よりも悪い運命」において、次のように述べている。「不安や疑念が、時々生じてしまう、時には理性を圧倒してしまうような状況こそが震災後であり、原発事故後の日本社会に生きるということであり、ぼくたちの受けた「被害」は、その「不安」と「疑念」が思わず浮かんでしまう環境を作られたことにある」(藤田直哉「〈生〉よりも悪い運命」(限界研編)『東日本大震災後文学論』南雲堂、二〇一七年、四二七頁)。

＊18　表題作「献灯使」の初出は『群像』二〇一四年八月号。のちに、多和田葉子『献灯使』(講談社文庫、二〇一七年)。

＊19　『日本経済新聞』二〇一四年一一月一九日付夕刊。同じく『献灯使』をめぐる『東京新聞』(二〇一四年一二月二日付『東京新聞』夕刊)のインタビューで多和田葉子は、震災と原発事故後の日本に対する心境の変化を次のように語っている。「初めて帰国したいと思った」「日本と一緒に消えてもいいと思うくらい、いとおしさに襲われた。共同体の記憶のようなものが、自分の中にも流れているのだろうかと」。

げたのも不思議はない。被災地からの物理的な距離や、あるいは被災しているか否かということは、フクシマに対する心理的な距離とは必ずしも一致しない。こうした物理的距離と心理的距離のギャップは、放射能汚染のパラドックスそのものでもある。世界の多くの人々にとって、福島という土地は遠い場所だ。しかし、放射能汚染は、被災地とその数十キロ圏内に限られたことではなく、大気にのって、あるいはグローバルな貿易システムにのって移動し、世界各地へと渡っていく。それはちょうど、一九八六年のチェルノブイリ原発事故のとき、日本で、ほうれん草と牛乳が汚染されているから摂取しないようにと報道されたのに似ている。現に3・11の際の津波によって海へと押し流されたものの一部は、カナダやアメリカの西海岸に到達しているのである。放射能の広がりはまったく途方もない。

多和田葉子は、「日本にはもう行けなくなってしまうのではないか」という危機感から、放射能災後、海外との接触が失われ、鎖国状態となった近未来の日本社会を「不死の島」[*20]という短編で描いたという。[*21]興味深いことに、福島第一原子力発電所の事故を受けて、ドイツがただちに脱原発に舵を切ったのにもかかわらず、多和田葉子は日本が原発を手放さないだろうということをはじめから見通した作品を書いてきた。

「不死の島」は二〇一七年に発生する大地震でさらなる原発事故を起こした日本は全土が放射能汚染された状態に陥り、そのために各国との国交を失っているという設定であった。「再び鎖国された日本」というアイディアは、「日本社会で自主避難が攻撃されるルーツ」として、「移動を禁じられていた」江戸時代をヒントとしていると多和田は述べている。それは「常に移民し続ける欧州社会とは対照的」だという。[22] 難民、移民の歴史を抱え込む欧州社会からの問いが「不死の島」であったということだろう。

その後、二〇一四年には「彼岸」という短編小説を『早稲田文学』秋号に発表し、こんどは米軍の飛行機が原発に墜落し、そのせいで爆発がもたされる近未来を描いた。「彼岸」では鎖国状態ではなく、反対に日本中の人々が難民となって世界各国に散っていく設定とし、日本人の難民化の可能性を仮想してみせた。日本は、少子化が常態化しているにもかかわらず、難民受け入れについては常に消極的な政策をとってきたことで知られる。[23]「彼岸」では、排外主義者として中国の悪口を言い続けてきた政治家が中国に難民として渡っていく話で風刺に満ちている。

同じく二〇一四年に『群像』八月号に発表された「献灯使」は、鎖国した日本で、老人はどこまでも長生きし、ひ弱な曾孫の介護をしている話で、日本が決定的な被曝国となって鎖国し、放射能の影響で年寄りは死ねなくなっている未来を描いた「不死の島」の姉妹編とでもいうべき中編作品である。「不死の島」が寓話のように対象との距離がある語り口であったのに対して、「献

＊20　初出は、『それでも、三月はまた』（講談社、二〇一二年）。のちに、多和田葉子『献灯使』（講談社、二〇一四年）所収。現在は、『献灯使』（講談社文庫、二〇一七年）。
＊21　『日本経済新聞』二〇一四年一一月一九日付夕刊のインタビュー記事による。
＊22　二〇一四年二月二日付『東京新聞』夕刊のインタビュー記事による。
＊23　二〇一一年の内戦以降、すでに五〇〇万にものぼるシリア難民の受け入れが世界的な問題となっているなかで、二〇一七年二月一六日付『東京新聞』夕刊によれば、日本の受け入れは二〇一六年までの時点で申請者六九人のうち、難民認定されたのは七人にとどまっている。

灯使」はより小説的で、視点人物に寄り添って読むような語りが採用されている。「献灯使」を書く前に、多和田は福島の被災地を訪れており、被災者の話を聞いたことが作品に影響したと語っている。[*24] 人々の「土地に深く結び付くがゆえの喪失感の大きさを実感」したと語られるものの、[*25] 懐古的な喪失の物語というよりは、放射能被害をますます先鋭化させて描いたものとなっている。月日がたったあとで被災地を訪ねたことによって、震災直後の不吉な未来予想が、ぐっとリアリティを持ってしまったということがあるのかもしれない。とはいえ、多和田葉子の震災後文学は、しかつめらしく警告したり、教条的な物言いで警鐘を鳴らしたりするような作品ではまったくない。諧謔を弄したおかしみに思わず吹き出しながら読むような愉快な小説なのである。

「献灯使」では、半世紀後の日本に物語の時間を設定し、私たちになじみのあることばがすでに死語になっている世界を描く。死語といっても自然と消滅したわけではない。鎖国していることによって外国を思わせることばを使わないように制御され、あるいは自主規制してきた結果、外来語がのきなみ使われなくなっているのである。インターネットがなくなった日を祝う「御婦裸淫の日」ができただとか、クリーニング屋が「栗人具」として存在するなどと書かれると笑ってしまうが、しかしそんなふうにやっきになって外来語を廃止しようとした歴史を私たちは知っている。太平洋戦争中に、英語が敵国のことば、「敵性語」として排除され、排球だの送球だのという今では何だかわからない球技名をあて、プラットホームを乗車廊と言い換えていたことを思うと、「献灯使」に出てくる「国際旅客民なる」という語もとたんに笑い事ではなくなる。この物語の主要登場人物の義郎は小説家なのだが、「遣唐使」という歴史小説を書いている途中で、

「外国の地名をあまりにもたくさん使ってしまったことに」気がつき、「身の安全のために」それを処分している。またあるときには、もはやだれも住んでおらず廃墟となった東京二十三区を超えて、成田空港の「民なる」に行く自分を想像し、小説に書けそうだと思いつくが、まったくの空想で書いたことが、たまたま隠されていた「国家機密」に抵触し、逮捕されてしまうかもしれないと考えて躊躇する。ことばを自由に使えないということは、小説を自由に書くことができな

＊24　二〇一三年の夏に、多和田葉子は「いわき市中央台の仮設で生活する方々と会」い、「いわき市の薄磯《うすいそ》地区、富岡町上手岡《かみておか》、富岡町夜《よ》の森、楢葉町山田岡《ならはまちやまだおか》地区などをまわり、浪江町から避難している方々」に話を聞き、「喜多方《きたかた》に避難している」案内者の叔父を訪ね、「三春《みはる》」に寄って帰る三泊四日の旅をしている。この旅を終えて自身の書くものに変化があったことを次のように綴っている。「短編「不死の島」を展開させて長編小説を書くつもりだったわたしは、この旅をきっかけに立ち位置が少し変わり、その結果、『献灯使』という自分でも意外な作品ができあがった」（『本』講談社、二〇一四年一一月号、五頁）。
多和田の訪ねた各地域の震災の被災状況はそれぞれ次のようになっている。「いわき市の薄磯地区」は津波の被害が大きかったところである。「富岡町上手岡」は、福島第一原子力発電所の事故で避難指示区域に入っていたが、二〇一三年三月二五日の再編によって避難指示解除準備区域及び居住制限区域となり、二〇一七年四月には避難指示解除となった。「富岡町夜の森」は見事な桜並木で有名だが、一部の居住制限区域を除いて帰還困難区域に位置する。「楢葉町山田岡地区」は、二〇一二年八月一〇日の警戒区域見直しにより、避難指示解除準備区域とされ、二〇一五年九月五日に避難指示解除となった。「浪江町」は、二〇一三年四月一日に警戒区域が「避難指示解除準備区域」「居住制限区域」「帰還困難区域」の三区に再編され、二〇一七年三月三一日に「帰還困難区域」をのぞく区域の避難指示が解除されている。「喜多方」は会津に近く、「三春」は浜通りと会津の間の中通りに位置し、福島県内にあって地震、津波、放射能災のいずれの被災もほぼなく避難者を受け入れている地域である。

＊25　二〇一四年二月二日付『東京新聞』夕刊のインタビュー記事による。

いということであり、それは自由な想像をも疎外し、人間を窒息させる事態なのである。そのように文学が検閲されていた暗い時代も戦時下にたしかにあったのである。

「一等地も含めて東京二十三区全体が、「長く住んでいると複合的な危険にさらされる地区」に指定され」ているから、国会議事堂は「空洞」になっている。日本政府はすでに民営化されている。それでも鎖国政策を出したりするのだから議員はいるらしい。

議員たちの主な仕事は法律をいじることだった。法律は絶えず変わっていくので、いじられていることは確かだ。ところが、誰がどういう目的でどういじっているのかが全く伝わってこない。法そのものが見えないまま、法に肌を焼かれないように直感ばかりを刃物のように研ぎ澄まし、自己規制して生きている。

（「献灯使」『献灯使』一〇四頁）

法律がころころかわるから、何が違反だかがわからず、人々は自己規制して生きているという。自主規制の蔓延する息苦しさは、未来小説どころか、法律のみならず憲法も変えられようとしている震災後の現在そのもののようだ。なにが起こっているかがわからず、不安で、どこに落とし穴があるかわからないから自由な発言もできない。

百歳を超えてますます元気な義郎は、蛸のように足のなえた病弱な曾孫の無名と「東京西域」の仮設住宅に住んでいる。義郎は無名が少しでも長生きするようにと、細心の注意を払って無名を育てている。義郎からすれば、歩くのもままならず、食べ物もうまく消化できない曾孫が気の毒で仕方がない。ところが当の無名は、生まれたときからそれが常態なのだから気にするそぶりもない。無名のこの無邪気さは、義郎だけでなく読者にとっての救いでもある。

国は鎖国しているが、実は海外への道がまったく閉ざされているわけではないのは江戸時代のときと同じだ。選ばれし子を「献灯使」として海外に送りだしている秘密組織があるらしい。インドのマドラスの「国際医学研究所」に送れば、「日本の子供の健康状態をきちんと研究することができるし、海外でも似たような現象が始まっている場合には参考になる」。十五歳になった無名は、その「献灯使」に選ばれた。

老人は死ねないし、タンポポは菊の品評会にだせるほど巨大化している。「突然変異」ということばは差別用語だとして「環境同化」と言い換えられている。いったい何に汚染されているのかは不明だが、野の草は「汚染されている」から「無名は生まれてから一度も本物の野原で遊んだことがない」。それがなぜなのか、「献灯使」には明示されていない。むろん「不死の島」や「彼岸」からの類推で、原発事故後に放射能汚染されているのだと当て込んで読むことはできるだろう。しかし「献灯使」には、一度も「放射能」や「放射性物質」ということばは出てこないのである。しかも「献灯使」は書かれた時期は後であるにもかかわらず、作品集『献灯使』の冒頭に置かれていて、三本目の「不死の島」、四本目の「彼岸」を読むまでは、放射能災を予め読み込むことができないようになっている。

海外に献灯使として子供を送り込み、健康被害を研究する必要があるのは、「もはや未来はまるい地球の曲線に沿って考えるしかないことは明白だ」からだとある。「献灯使」が提示するのは、放射能災の被害が将来的にそのようなものであるといったような予言などではまったくなくて、命を守るために汚染された土地で注意深く生きる人のありようであり、出所不明の見えない圧力による息苦しさのほうなのである。「献灯使」の描く未来図には、たった今想像しやすい具体的な放射能被害ではなく、得体の知れないものの不安へと読みの可能性が開かれているのである。

食の記憶と伝承

関口涼子は、詩人、文筆家としてフランス語と日本語で作品を発表し、仏訳、日本語訳の双方の翻訳者として数々の作品を手がけているパリ在住の作家である。料理の専門家としてイベントで食事を提供したり、食に関わる批評家としてフランスの美食雑誌などで執筆したりもしている関口が、放射能災において第一にこだわったのはやはり食の問題だった。二〇一一年一〇月に、震災の前日から四月三〇日までの日記形式で『これは偶然ではない――ジャパニーズ・クロニクル[*26]』を発表したあと、関口は『霊を食べる――つかみどころのない食の実践マニュアル[*27]』、『渋み[*28]』、『亡霊ディナー[*29]』、『味気なさ[*30]』など食にこだわった出版をつづけている。

震災後の二〇一一年八月に刊行された『地震列島――3・11以後の日本の言論』に関口が寄せたエッセーのタイトルは「福島の味[*31]」だった。関口は書く。「テレビで被災や避難の様子を見ながら、この人たちはどんなものを食べているのだろうと思わずにはいられなかった。（略）彼らの残してきた漬け物や味噌はどうなったのだろう」[*32]。

震災当時、関口はちょうど福島に関わる二つの偶然を経験していた。一つはフランスで日本の料理についての雑誌に福島の食についてのエッセーを書く予定だったことである。しかし津波や放射能災で失われた「福島の味」を考えると、とてもそれを書ける状態ではなかったという。関東地方に育ち、一九九七年からパリに住まう関口にとって福島は馴染みのある土地ではなかった。興味はあったが、いつでも行けると思いながらも行きそびれた場所だった。

二〇一一年の三月といえばヨーロッパではシリアの内戦が激化し、難民が各地に散りはじめていたときであった。もうおいそれとシリアに行ってシリア料理を楽しむことができなくなってしまったのである。頻繁に各地を旅をしてまわっている友人は、いつもこう言っていたという。「行きたい国があるなら、まごまごしていないでさっさと行くべきだよ。世界地図は、思っているよりずっと早く変わってしまう。紛争、戦争状態、その他ありとあらゆる想定外のことが起こ

＊26　Ryoko Sekiguchi, *Ce n'est pas un hazard: Chronique japonaise*, P.O.L., 2011. 本書については、『震災後文学論――あたらしい日本文学のために』第六章「外国語による震災の表現――フランスの場合」で取り上げた。

＊27　Ryoko Sekiguchi, *Manger fantôme: Manuel pratique de l'alimentation vaporeuse*, Argol, 2012.

＊28　Ryoko Sekiguchi, *L'astringent*, Argol, 2012.

＊29　Ryoko Sekiguchi and Felipe Ribon, *Dîner Fantasma*, Manuella Editions, 2016.

＊30　Ryoko Sekiguchi, *Fade*, Argol, 2016.

＊31　Ryoko Sekiguchi, "Le goût de Fukushima," Corinne Quentin, Cécile Sakai ed., *L'archipel des séismes : Ecrits du Japon après le 11 mars 2011*, Picquier poche 2012, pp.274-285.

＊32　Ryoko Sekiguchi, "Le goût de Fukushima," p.282.

って、そこに行けなくなってしまうのだから」[*33]。

そして思うのである。そうだとしたら、福島行きの機会は完全に逃してしまったのだろう。けれど、自分が生きているあいだにそこに行けなくなることなんて誰が想像しただろうか、と。

震災時の福島に関わるもう一つの偶然は、ちょうど前回、日本に帰ったときに福島の日本酒を空港で買って帰ってきていたことである。その酒は、名の知れた蔵元のものだった。幸いにその酒蔵は原発から六〇キロ離れていたし、津波の被害も逃れた。酒蔵のセシウム値は〇・〇六マイクロシーベルトで問題はなかったという。ところが原材料となる米が、その年には作付けを許されなかった。ということは、かつてと同じ酒を二度と飲むことはできないということだ。続けて関口は次のように書く。

それに蔵元を信用していないわけではないけれど、少なくとも放射性物質の含有値を示さねばならないというだけで、これから先、その酒を飲むたびに、「あのこと」を考えてしまうだろう。セシウム値が必ずしも上昇しないにしても、少なくとも想像上では、酒の味は変わってしまうだろう。その他の多くのものと同じように、現実にはそんなことはないかもしれないけれど、想像のなかでそれはとりかえしのつかないほどに汚染されてしまったのだ[*34]。

放射能災の汚染そして除染のことを思いながら、関口はふとハイレッド・センターのパフォーマンスを連想する。ハイレッド・センターとは、メンバーの高松次郎、赤瀬川原平、中西夏之の名字を一字ずつとった「高」「赤」「中」を英語にしたグループ名で、一九六三年に結成されたアヴァンギャルド芸術集団である。彼らは、東京オリンピック開催中の一九六四年一〇月一六日に、「首都圏清掃整理促進運動」を呼びかけ、白衣を着てマスクをつけた人々が、街頭で道路やマンホールなどをせっせと雑巾がけするパフォーマンスを行った。「BE CLEAN! 掃除中」という看板をたてて行われた清掃パフォーマンスは、オリンピック開催に際して、「五輪の街を美しくしましょう」として首都美化デーに都民が大掃除を行った美化運動を皮肉ったものであった。異様に神経質に掃除してみせることによって、実際にはそのようにして街がきれいになるわけではないということを際立たせた。ところが、そのパフォーマンスは、震災後に放射能災の被災地各地で行われている放射性物質の除染という行為のアイロニーとなっているのだ。関口は、美術批評家の椹木野衣の「美術史もまた被曝したのである。たとえば、ハイレッド・センターが組織した「ナンセンス」なハプニングは、今日、「除染」という意味を刻印されてしまうのだ」ということばを引用し、「芸術的表現も味も記憶も風景も、現実には汚染されているわけではないにしても、「被曝」しているのだ」と述べている。[*35] 関口がくり返す、現実には汚染されているわけではないのに、想像の上で被曝しているという言い方は、震災後に「風評被害」と言って揶揄された、人々の不安をも指し示すだろう。

＊33 Ryoko Sekiguchi, "Le goût de Fukushima," p.276.
＊34 Ryoko Sekiguchi, "Le goût de Fukushima," p.277.
＊35 Ryoko Sekiguchi, "Le goût de Fukushima," p.278.

ところで、関口は、この一篇の書き物を「お赤飯」を作る過程のなかに埋め込んで語っている。赤飯はだいたい日本全国で食されていて、とりたてて「福島の味」というわけではない。ではなぜここで関口は赤飯を炊くのか。

前の晩に小豆を水につけて一晩おく。その作業をしていると、ふいに祖母のいた台所が思い浮かんでくる。祖母の家に遊びに行くといつも祝い事でもないのに彼女は赤飯を炊いてくれたのだという。関口にとって赤飯は、子供時代の思い出であり、祖母、祖母のいた家、そうしたあらゆるものの記憶に結び付いている。そして、その味に祖母の生《せい》がたしかに存在しているのだ、と関口は書く。そのようにいうことによって、家庭料理や郷土料理は、味覚だけではなく、生きている共同体の記憶に結びついていることを示す。

一般に、家庭料理やその土地固有の郷土料理というのは、口伝えで代々伝えられていくものであり、口承のすべてがそうであるように、それを伝えられた個人がいなくなれば容易に失われてしまう。同時に、たとえば関口が赤飯の味に祖母を思ってきたような記憶は、その個人にのみ依拠しているのであって、家庭料理とはそもそものような記憶の総体であるはずだ。つまり家庭料理は人の生命に付随するのである。

福島第一原子力発電所事故による放射能汚染は、人の住めない帰還困難区域を現出させ、土地からの離散を余儀ないものとした。それは端的に家庭料理や郷土料理の豊かな伝統を失わせる事態であったろう。そのことは雁屋哲が、『美味しんぼ110——福島の真実①』(二〇一三年)[*36]で表現しようとしたことでもあった。放射能災で飯舘村から避難している「千栄子さん」に、震災前に採れた食材と別の地域で採れた野菜で郷土料理を出してもらう挿話がある。ここでふるまわれる飯舘村で採れた食材は、汚染前に取り置いておいたものしか使われていない。ということは、今後はそれらを食べることができないということを意味する。最後の「安全な」手料理をごちそうになった海原雄山は次のように言う。「いったいどれほど貴重なものをわれわれは喪失してしまったのか。豊かさも喜びも輝きも幸せも。失ってはならぬものを失ってしまった」。

しかし、それは土壌が汚染されその土地で採れる食材が汚染されてしまったというだけではすまない、一人一人のいのちのつらなりが刻んできた味の記憶の喪失なのである。『美味しんぼ』の「福島の真実」編には、安全に気を配り努力を重ねる人々の姿が印象的に描き出されている。しかしいくら数値で安全性を示しても、消費者の忌避感は払拭できず、売れ行きは伸びないことも同時に語られている。

『美味しんぼ111——福島の真実②』（小学館、二〇一四年）には、喜多方市山都町で線量を計っていない山菜を「ひでじい」にごちそうになる挿話がある。彼らは「福島の人たちが食べているものを出してくださった時には食べる。しかし不安な人は食べない」と決めている。山菜料理を食した後、海原雄山は次の感想をもらす。「心温かくわれわれをもてなしてくれるひでじい、美しい山、さわやかな山菜。何一つ欠けるもののない素晴らしさだ。それなのにどうしてみんなの心はこわばってしまったのか。それはこの美しく豊かな大地を、目に見えぬ凶悪なものが覆っ

＊36　雁屋哲（原作）、花咲アキラ（作画）『美味しんぼ110——福島の真実①』小学館、二〇一三年。

ているからだ。この凶悪な存在が福島の大地を深く傷つけ、人の心を凍えさせる。これが福島の真実だ」。食文化が失われるだけではなく、食べる喜びにきざす不安の問題をつきつけている。

関口涼子は、『霊を食べる――つかみどころのない食の実践マニュアル』において、私たちが食べるとき、味には還元されない何かをも食べているのだと述べている。たとえば「土地を食べる」の章では、私たちが「ゲランドの塩」などのように、特別な土地の名を冠した食材を好んで消費するケースを挙げている。土地の名がブランド化して、良いイメージが付加されるわけだ。一方で、土地の名が「明らかな不安」を呼び起す場合があるとして、「チェルノブイリのそばで採られたキノコ」の例を挙げている。その意味で、「フクシマ」もまた不安を喚起する土地の名となっているわけだが、ときにそれは的外れなとばっちりとなることもあると関口はいう。「福島」というのは一方でごくありふれた日本人の名字である。そんな福島県とは何の関わりもない「フクシマ」ということばにも、そのネガティブなイメージがつきまとっていることを付け加えることによって、[37] それが根拠とは無縁に生じる不安であることを言い当てている。

「霊を食べる」の章において、食べる行為には、味覚としては感知できない何かをも同時にのみ込むことが不可避的に含まれていると述べて、例として遺伝子組み換え食品を挙げている。それらは匂いや味、食感では感知できないが、いつか私たちの体に何らかの影響を及ぼすことを私たちは知っている。ここには「放射能汚染」ということばは一度も使われていないものの、遺伝子組み換え食品は明らかに放射能汚染された食品とパラレルに置かれるべきものだ。遺伝子組み換え食品の得体の知れなさを関口は「霊的なもの」(fantôme) と呼ぶ。「霊」ということばを用いて、こうした人間の五感では感知しえないものを説明しているわけである。結局のところ、おいしいものを食べることは、健康によいものを食べることとは違って、純粋に喜びであり愉しみである。たとえ政府に安全だと保証されたものだとしても、福島のある地域に明らかに汚染の事実があるという一点において、不安は誘発されるだろう。そうした不安がたとえ根拠がないものだとしても、そこに放射性物質が亡霊のようにしてある限り、私たちはそれに取り憑かれてしまうのだ。放射能災が引き起こしたことは、本来は喜びや愉しみであったはずの食べることが、得体の知れない不安をかきたてる事態だった。しかし、関口にとって霊（fantôme）のイメージは、ただ不穏なものとしてあるわけではない。

のちに、関口は『亡霊ディナー』（二〇一六年）を発表し、そこで再び赤飯と祖母の話を取り上げている。赤飯をつくるときに思い出される祖母というのは、とりわけ手のしぐさなのだという。そしてそのしぐさはたしかに関口自身のしぐさに取り込まれており、「米の炊き具合いを味見してみるとき、祖母の舌が蘇っている」と語られている。[*38] つまり祖母のレシピを再現するということは、関口にとって亡くなった祖母自身あるいは祖母の霊（fantôme）をこの世に呼び戻す行為なのである。しかし、レシピに潜む霊は関口にとり憑いているのであって、そのレシピを再現し、祖母を呼び出す降霊術ができるのは、関口しかいない。翻って、家庭料理の、あるいは郷土料理

＊37　Ryoko Sekiguchi, *Manger fantôme: Manuel pratique de l'alimentation vaporeuse*, p.62.
＊38　Ryoko Sekiguchi and Felipe Ribon, *Dîner Fantasma*, p.24.

の切実さとは、このように個人にとり憑いているものなのだろう。

関口涼子が、故郷の喪失を郷土料理の喪失としてイメージするのは、ヨーロッパで多くの難民や移民たちの移動をみてきたせいでもあるだろう。『霊を食べる――つかみどころのない食の実践マニュアル』の「土地を食べる」の章で、ネガティブなイメージをまとった土地の名の例として、シリアやパレスチナを挙げている。人々が料理をイメージしたり、その土地に行きたいと焦がれたりするような土地の名ではなくなってしまったのは、その土地が離散者を多くだしている現実と表裏一体の関係にある。おそらく、そうした土地でもまた、家庭料理や郷土料理は失われつつあるだろう。ヨーロッパの国々で人々が難民化して国のかたちを変えていくさまは、関口にとって福島において避難民が流出し共同体を壊してしまうのとパラレルの関係にあるはずだ。共同体が崩壊したときに、同時に失われるものとして、関口は祖母の赤飯のことを考えたに違いない。彼女が赤飯の話によって祖母の霊を呼び寄せるのは、祖母のレシピが、祖母そのものであり、また祖母から彼女へと連なる家庭の味の歴史でもあるからだ。

そのように考えるとき、関口のこだわりは、アンヌ・ジョルジェ監督による映画『想像の饗宴』[*39]の問題系に連なるだろう。『想像の饗宴』は、ナチスの強制収容所、ソヴィエト連邦のグラーク強制労働収容所、あるいは日本の川崎の米軍捕虜収容所などで、人々がひたすらにレシピを書き残していたことを取材したドキュメンタリー映画である。共同体から隔離され、そこに閉じ込められていた人々が膨大なレシピを残していたことを明らかにする。フィルムは問いかける。さまざまな「盗んだ紙にこっそりと書いた。何を語ったのだろうか。希望か、思い出か、夢か」。さまざまな収容所で、ただひたすらにレシピを書き記した人々がいたのだ。死にさらされた究極の状態にあって、さまざまな国の人々が、女も男も、年寄りも若い人も、密かにレシピを書き綴っていたことは、いったい何を意味するのか。アメリカのホロコースト研究の歴史学者、マイケル・ベーレンバウム（Michael Berenbaum）は、レシピを書くことによって、かつて家にいたとき、台所にいたとき、家族といたときの過去の時間へと戻っていっているのだと指摘する。フランスのレストランの有名シェフ、オリヴィエ・ローランジェ（Olivier Roellinger）は、音楽、文学、絵画は、それについての背景知識が必要だが、おいしいものを味わったことなら、どんな人にもあるはずだと述べて、レシピが書かれたことの普遍性を指摘する。しかしマイケル・ベーレンバウムは、ソヴィエト連邦のグラーク強制労働収容所や日本の川崎の米軍捕虜収容所などでもレシピが書かれていたというなら、ある程度普遍的なことかもしれないとは思うが、ホロコーストに関してはレシピには違う意味があっただろうと指摘する。アウシュヴィッツの強制収容所にいる者たちにとって、「それは彼ら自身が絶滅させられるだけでなく、世界の破滅を意味していたのだ。その後には何も残らないだろう。だからレシピを保存したかったのだ。それは存在の本質になった。レシピこそが存在なのだ」。

レシピが、人間の存在の証明になるのはなぜか。なぜ彼らは、飢えのなかで、レシピというかたちで料理を書き残したのだろう。かつておいしいものを食べたときの思い出というような文学

＊39　Anne Georget, *Festins Imaginaires*, 2015.

的なスタイルをとらなかったのはなぜだろう。

レシピは、理論上はそのとおりにつくれば誰もがその味を再現できる形式である。何もない収容所で迷いなく、それを書き記すことができたとすれば、一つ一つのしぐさが身体に焼き付いた行程であったのだろう。そのようにして身体性を伴ったレシピなら、おそらく関口涼子が祖母から受け継いだ赤飯のレシピのように、家庭内で口承によって伝えられたものだったにちがいない。世界の終わりというのは、ホロコーストにおいて家族の終わりであり民族の終わりを意味したはずだ。そのような喪失を前にして、どうしても書き残しておかなければならないのは、それを食べたときの個人的な記憶ではなく、伝承というかたちで受け継いできたものだった。なぜなら口伝えの伝承は、生きた身体にのみ受け継がれるものだからだ。そうした意味においてこそ、レシピがその人の生きた証になるのである。レシピには関口がいうように、生きていたその人の霊が宿っているだろう。残されたレシピは伝承された民族の歴史そのものであったのである。

フクシマとは何かと問うとき、それは原発事故とは何かと問うているのと同義である。原発事故によって、ある土地が失われるということは、その土地に生きた人々が身体的な存在によって継承してきた伝統が離散するということだ。そのもっとももろく、かたちのないものの一例が関口涼子が示す食の伝統なのである。

第三章　フクシマからヒロシマ、ナガサキへ

チェルノブイリの物語

二〇一五年は、東日本大震災ののち四年が過ぎて五年目に入った年であったと同時に阪神・淡路大震災から二〇年、戦後七〇年のメモリアルイヤーでもあった。この年の三月一一日より現在にいたるまで、東京電力福島第一原子力発電所周辺の帰還困難区域で、国際アート展「Don't Follow the Wind」が開催されている。だが現在のところ、それどころか今後長期にわたって、この展示を実際に見ることはできない。そこでこの試みを紹介するために二〇一五年九月一九日から一一月三日にかけて、東京のワタリウム美術館でサテライト展示が行われた。会期中に開催されたイベントのうち、アート・ユニット「グランギニョル未来」の「ガマのなかの帰還困難区域」に参加する機会を得た。ちょうど舞台出演のために沖縄にいた演出家・美術家の飴屋法水が七〇年前に野戦病院として使われていたガマに入り込み、帰還困難区域の椹木野衣（美術批評家）、山川冬樹（パフォーマンスアーティスト）と電話回線でつないで公演をおこなった。ただし、それは

生の中継ではなく、映像もなく、録音された音声を再生するかたちであった。会場に集まった観客は、照りを消した、ガマのように暗い会場で耳を澄ませてそれを聞いたのである。なにも見えない状態で音を聞くのは、鉛屋の立つ暗闇のガマを想い、見ることのできないアート作品の展示された福島を想い、そこにある見えない放射能を想うのに効果的な演出だった。椹木野衣によればそこでは「沖縄のなかにフクシマを見、福島のなかにオキナワを見ること」[*1]が目指されたという。それは、七〇年前の戦場と現在の戦場であるフクシマをつなぐ試みであったと理解する。そのようにして、二〇一五年には美術、演劇、映像をはじめ、各文芸誌、その他出版物にも戦後七〇年を意識したものが多くみられた。

戦後七〇年はヒロシマ、ナガサキの被爆七〇年でもあった。現在の広島、長崎をみると、フクシマ第一原子力発電所の果てしない事故処理も、いつかすっかり片づくときがくるかもしれないと思いたくもなるが、そんな淡い期待は、二〇一六年、事故後三〇年を迎えたチェルノブイリの現状をみればもろくも崩れ去ってしまう。

二〇一四年、ドイツ屈指のミステリー作家、メヒティルト・ボルマンがチェルノブイリの立入禁止区域、いわゆるゾーンに取材した小説『希望のかたわれ』を出版し、一年後、赤坂桃子による日本語訳が出た。ボルマンが寄せた「日本語版へのあとがき」よれば、この作品は「福島の原発事故をきっかけに生まれ」たのだという。[*2]

愕然としたのは、こうした人たちのことが原発事故からほんの数週間たっただけで、忘れ去られたことです。代わりにほかのニュースがトップニュースとして報じられるようになりました。世界はどんどん動いているのです。

そしてほんとうに悲しくてやりきれないのは、「福島」がなければ、わたしたちはチェルノブイリの大災害を忘れていたかもしれないことです。

三〇年を経過しても、「故郷の喪失、親しい者の死、病気と高い自殺率」が未解決であること、「多くの女性たちが、遺伝上の問題を心配して子供を産めないでい」ること、「故郷という根っこを断たれ、彼らのために建設された周辺都市に住んでいる人たち」がいることをフクシマが起こるまで、ヨーロッパ社会はすっかり忘れてしまっていたというのだ。フクシマがそれを目覚めさせたというのなら、二〇一五年のノーベル文学賞受賞者が、『チェルノブイリの祈り』の著者でもあるベラルーシのスヴェトラーナ・アレクシエーヴィチであったことも無関係ではないのかもしれない。フクシマは、チェルノブイリ原発事故の意味をすっかり変えてしまったのである。それまでメルトダウンの末に原子炉が爆発し火災を起こしたチェルノブイリ原発事故とは、ソビエト連邦という秘密主義で特殊な国が主導したために引き起こされたあり得ない事故ということで片づけられていた。チェルノブイリは二度と起こらない類の事故とされていた。ところが福島第

＊1　樵木野衣「帰還することが困難な場所から」『新潮』二〇一五年一〇月号、二三九頁。
＊2　メヒティルト・ボルマン（赤坂桃子訳）『希望のかたわれ』河出書房新社、二〇一五年、三〇八頁。

一原子力発電所のメルトダウンが起こると、技術先進国で、勤勉な国民性を有し、地震列島ゆえの頑強な耐震構造を備えた日本の原発でさえもメルトダウン事故を起こしたのだから、以後、原発事故というのは、いつでもどこでも起こり得る事故だということになったのだ。この時点でチェルノブイリも結果的にはフクシマと同じく、原子力発電所のいざというときの手におえなさに起因する事故と位置づけなおされたのである。

フクシマを経て、あらためてチェルノブイリの物語が求められるようになった。とくにゾーンと呼ばれて立ち入りを禁じられた土地に元々住んでいた人々が、あれからどのようにして生きていったのかを数値や統計ではないかたちで知り得るチェルノブイリの物語は、フクシマの今後を照らす先例となるはずだ。だからボルマンにしろ、アレクシエーヴィチにしろ、事故の原因に向かうのではなく、人生の中途に思わぬ方向転換を余儀なくされた人びとの暮らしのほうへ向かった。まさにそれこそが文学のなすことだからだ。

政治的トラウマ化の歴史

東京電力福島第一原子力発電所のメルトダウン事故によって、大量の放射性物質が放出され再び日本に被曝者を生み出したことは、多くの日本人を愕然とさせたが、とくにヒロシマ、ナガサキで反核運動をしてきた被爆者たちにとっては自らの拠って立つところを足元からすくわれる思いであったろう。

自身もヒロシマの被爆者である女性史研究者の加納実紀代は、「被爆国がなぜ原発大国になったのか？」「ヒロシマはなぜフクシマを止められなかったのか？なぜむざむざと五四基もの原発建設を許してしまったのか？」と問い、『ヒロシマとフクシマのあいだ――ジェンダーの視点から』（インパクト出版会、二〇一三年）を出版した。この問いは多くの知識人に共有された悔恨であったはずだ。加納は、被爆がどのように表象されてきたかを跡づけ、無垢なる被害者性が女性ジェンダーのもとに構築されてきたことを明らかにする。そうした振り返りには、ヒロシマ、ナガサキのなかにいまのフクシマが潜んでいるという眼識がある。ここでは加納に倣ってヒロシマの表象を辿りなおしてみたい。

まずは、一九五三年公開の関川秀雄監督『ひろしま』をみてみよう。『ひろしま』は原爆投下から七年後の広島の被爆者を描いた映画である。ある日、高校の授業中に一人の女子生徒が原爆症を発症する。岡田英次演じる高校教師が確認したところ、教室内の被爆者は三分の一。意外にもマジョリティではないのである。ゆえに大方の被爆者に対する視線は冷たい。別の女生徒が原爆症の症状を説明して、夏などはだるくて起きていられないというと、夏は誰だってだるいとちゃかす者がいる。笑いがあふれる教室の雰囲気にいたたまれなくなった被爆者の男子生徒が立ち上がって言う。「これだから何も言いたくなくなるんだ。（略）口では言わないが、いつ原爆症に命をとられるかと思って毎日びくびくして生きてるんだ。そんなことを言えば、君たちはすぐ、原爆を鼻にかけてるとか、原爆に甘えてるとか言って笑うんだ」。

あるいは別の生徒が証言する。自分の力で原爆の治療ができる人は何人もいない。「しかし、そんなことを言えばすぐ原爆に甘えているといわれるのがオチです。ですから原爆一号の吉川さんのように強くなってケロイドを訴えて生活をするとか、原爆乙女の人たちのように社会の同情によって治療するとか、また浮浪者になって夜更けの広島駅で旅人の情けにすがって生活している人たちは別として、多くの人たちは醜いケロイドを隠して自分が何か悪いことでもしたようにこそこそと日陰で生活をしていたり、ケロイドを手ぬぐいで包んで道路工事の人夫になって働いていたりするのです」。

被爆の実態については、GHQがらみの圧力がかかって表立って報じられなかったせいで理解が及んでいないということもあったろう。あるいは結婚や出産をひかえた若い女性にとって被爆は秘匿しておきたいことであったにちがいない。しかしここで明らかにされるのは、ヒロシマから七年後の広島市民でさえも被爆について何も知らないということだ。その無知と無理解ゆえに、絶対的な弱者であるはずの無辜の被爆者が「甘えてる」と糾弾され、歴史的出来事としての被爆体験は、ごく個人的な生活の問題にすり替えられてしまっている。被爆者が権利の回復を訴えていけないはずがないのに、しかしそれは「被爆を鼻にかけてる」、特権の行使とみなされてしまう。被爆者に対する非難は、誰に命じられたわけでもない首謀者なき集団の総意として立ち現れ、被爆者は独り殻に閉じこもる他ない。その上、被害者は被爆を自ら罪のようにして内に背負い込まされて、訴え出る意をそがれてしまっている。このようにして被爆は内なるトラウマとしてだけではなく、外部からトラウマ化されていったことを『ひろしま』は告発している。トラウマが個に生起する心的外傷をいうとすれば、歴史的な惨禍を個のうちに封じ込め、かつまたそれを罪だと感じさせることをここでは政治的トラウマ化とよぶことにしよう。政治的トラウマ化によって負わされた傷は本来、個に由来のものではなかったはずの、歴史の欺瞞がつくりだした詐術だ。映画『ひろしま』の最後に、高校をやめて工場で働いていた生徒が、防空壕から掘り出した被爆者の頭蓋骨を売っていたとして警察の取り調べをうける場面がある。ある日、工場は、突然今までつくっていたものをやめて、大砲の弾、砲弾をつくりはじめたのだという。朝鮮戦争のただ中にある隣国に武器を売るためであろう。その生徒は、戦争のための武器をつくりたくなかったから工場をやめたというのだ。戦後七年で武器をつくりはじめた広島の矛盾をこの作品はしっかりと刻みつけてもいる。

二〇一五年に入って堰を切ったように原発再稼働がはじまった。どさくさの安保法制も同時期に成っているのだから、これは一続きの問題なのであり、安保も原発も戦後のアメリカとの歩みのなかに着々と積み上げられたものだったことを改めて振り返る一年でもあった。まもなく改憲も現実的な問題となるだろうけれども、だからといってこれまでの護憲の戦後七〇年は必ずしも肯定的に賛美されるべきものではなく、改憲の種はこれまでの七〇年に育てられてきたことを突きつけられているのだともいえる。

そんななかで東日本大震災とりわけ原発災害の被災者は、復興の物語に取り込まれていくばかりで、そこからこぼれ落ちれば、被災者という立場に甘えているだのと非難されるようにもなる。相変わらず日本社会では、弱者は単なるルーザー（敗者）として捨て置かれ、ことによるとバッシングの対象にもされてしまう。映画『ひろしま』が今にリアリティを持つということは、政治的トラウマ化が、敗戦直後からずっとくり返されてきたやり口だからだろう。

ヒロシマ、ナガサキの被爆イメージ

もう一つ、映画『ひろしま』の特筆すべき点は、八月六日をでき得る限り真に迫ったやり方で再演してみせたことにあった。一九八九年公開の今村昌平監督『黒い雨』も、原爆が落ちたその瞬間からの日々を念入りに再現するものであった。これらの映画が果たした役割は疑いもないとして、あれほどまでに熱をこめて八月六日の再演がなされたことの効果をいまいちど考えてみる必要があるだろう。

実際にわたしたちの知るヒロシマ、ナガサキとは、『原爆の子』などの原爆体験記に語られたり、原爆資料館に展示されたり、原爆文学にあらわされたりする世界で、それらは映画に再現された様子にぴったりと一致している。閃光に焼かれて身から剥がれ落ちた皮膚、はれ上がった顔、水を求める声、川に漂う死体といった光景だ。二〇一五年の夏には『原民喜戦後全小説』（講談社文芸文庫）、『原民喜全詩集』（岩波文庫）が立て続けに再刊された。例えば、「パット剥ギトッテシマッタ　アトノセカイ」の文句で知られる原民喜の「夏の花」には次のようにある。

ギラギラと炎天の下に横《よこた》わっている銀色の虚無のひろがりの中に、路《みち》があり、川があり、橋があった。そして、赤むけの膨《ふく》れ上った屍体がところどころに配置されていた。これは精密巧《こう》緻《ち》な方法で実現された新地獄に違いなく、ここではすべて人間的なものは抹殺《まっさつ》され、たとえば屍体の表情にしたところで、何か模型的な機械的なものに置換えられているのであった。
（原民喜「夏の花」『小説集　夏の花』岩波文庫、一九八八年、二七頁）

忘れてはならないヒロシマ、ナガサキの悲惨な出来事を私たちはこのようなイメージで共有している。けれどもそれがおぞましい光景であればあるほど、リアリティが失われてしまいはしないだろうか。ことにバブル景気にわいていた一九八九年の観客にとって、映画『黒い雨』は、日常からあまりにも遠く、現実感のないものとなっていたのではないだろうか。というのも、ヒロシマを目の当たりにした原民喜にしても眼前の光景をシュールレアリズム（超現実派）の絵のようだと表現しているのだ。

苦悶《くもん》の一瞬足掻《あが》いて硬直したらしい肢体《したい》は一種の妖《あや》しいリズムを含んでいる。電線の乱れ落ちた線や、おびただしい破片で、虚無の中に痙攣《けいれん》的の図案が感じられる。だが、さっと転覆して焼けてしまったらしい電車や、巨大な胴を投出《なげだ》して転倒している馬を見ると、どうも、超現実派の画《え》の世界ではないかと思えるのである。
（原民喜「夏の花」二七頁）

実際のヒロシマをみても現実を超えているように思えるのに、その光景が映画のなかで幾度再現されたとて、それがリアルな問題として記憶され得ただろうか。ヒロシマを知らない世代に引き渡されたものは「繰返しませぬから」と約束された「過ち」として歴史化された遠い過去にすぎなかったのではないか。とくに冷戦後はそれがいま生きている日常を突き破って訪れるとはだれにも想像できなかったのではないか。たしかにあれから原爆はどこにも落とされていない。けれども、世界中のあちこちに、被曝に苦しむ人々が次々に生み出され続けている。そのことこそが、フクシマが起こる前に理解され、想像される必要があったのではないか。

ヒロシマ七〇年を前に、二〇一四年にジョン・ハーシー『ヒロシマ』[*3]が新装版として出版され、二〇一五年には、ジョン・ハーシー『ヒロシマ』の書評として書かれたジョルジュ・バタイユ『ヒロシマの人々の物語』[*4]が刊行された。

一九四六年、一九四七年のことばが、いまに読み直されるとき、それが二〇一一年の東日本大震災を含めた数々の大量死の記憶を想起させるものであることに気づかされる。

たとえば、バタイユは次のように述べている。

ハーシーの『ヒロシマ』のなかで我々が目にするのは、幾人かの人物がおぞましさのなかへ突如《とつじょ》突き落される光景である。彼らは、その生活も性格も我々になじみのある人たちなのである。彼らは、我々が日々目にし、親しみのある名で呼んでいる男や女、子供とそっくりなのだ。

（ジョルジュ・バタイユ『ヒロシマの人々の物語』八頁）

そうして「おぞましさ」のなかに突き落とされた人物は、すでに「人間的」ではなく、「動物的な朦朧状態」の中でかろうじて「人間的な振る舞い」を続けていたのだと読む。ハーシーの『ヒロシマ』は原爆を生き延びた幾人かの人々の聞き書きの体験集である。したがってそれらの経験は、歴史的出来事としてのヒロシマとして把握されたものではなく、眼前の混乱の描写であった。バタイユはそれを「さまざまな記憶の内容が動物的な体験の次元に留められている」として評価する。ここで言われる「動物的な体験」とは、当然のことながら「人間的」なそれに対置されており、渦中にあって、原子爆弾による爆撃という歴史を知らずに、「おぞましさ」に巻き込まれた経験の語りをいう。したがってバタイユによれば、もっとも「人間的」な表現を獲得し得ているのは、「ヒロシマへの原爆投下を即座に歴史のなかに位置づけている」、「トルーマン大統領の表現」だということになる。実際にヒロシマは、後年知られるようなヒロシマという事件としては、誰にも目撃されはしなかった。突然襲ってきたおぞましき光景は、未だ「ヒロシマ」という出来事ではなかった。どんなに目撃証言を集めても、「ヒロシマ」という歴史的事実には到達し得ない。それが、当事者の体験とそれを外から眺める者の歴史的認識との差である。

「動物的な体験」と位置づけることによって、ヨーロッパの人々にとってヒロシマは、ようやくアウシュヴィッツと連なる惨禍となり得るわけだが、しかしヒロシマ、ナガサキが、アウシュヴィッツの大量殺戮の歴史と結び得るということは、ありとあらゆる大量死をもたらした災害に

＊3　ジョン・ハーシー（石川欣一他訳）『ヒロシマ』（増補版）法政大学出版局、二〇一四年。

＊4　ジョルジュ・バタイユ（酒井健訳）『ヒロシマの人々の物語』景文館書店、二〇一五年。

接続可能となるということでもある。現に東日本大震災の津波の惨禍もまた、その全体を把握できたのは、テレビの報道をみていた人々であって、無我夢中で生命の危機と格闘していた被災の当事者ではなかった。東日本大震災の複層的な惨禍を思うとき、多くの死者を出した津波の被害が、もっともヒロシマ、ナガサキに似ているということになる。それゆえに再稼働を急ぐ高市早苗自民党政調会長（当時）の「原発事故によって死亡者が出ている状況ではない」という不用意な発言もでてきたのだろう。原爆の悲惨が、先に述べたような、大量死のイメージであるとするならば、フクシマは、ヒロシマ、ナガサキには似ていない。にもかかわらず、フクシマはしばしば戦争のアナロジーで語られ、観客はすぐさまそれを了解し、受け入れた。

園子温監督『希望の国』（二〇一二年）は、二〇一一年のフクシマより後の時代に、日本の架空の土地、ナガシマ県の原発が爆発し、絶望的に汚染された土地をめぐる物語である。ナガシマは言うまでもなく、ヒロシマ、ナガサキ、そしてフクシマを含みこんだ名前であり、被曝と放射能汚染を語るために十分な暗喩である。

酪農家の父、認知症のその妻は、若い息子夫婦を県外に避難させる。息子の妻は義父に託された放射能汚染に関する本を熟読し、次第に放射能恐怖症とでもいうべきノイローゼ状態になっていく。[*5] 息子はその妻を当初持て余し気味であったが、事故後の緊張が薄れた頃、人々が事故の事実さえも忘れたかのようにふるまいだしたことに違和をおぼえ、妻に同調するようになる。妻は夫に言う。「見えてるか。見えない戦争なの。弾もミサイルも見えないけど、そこいらじゅう飛び交ってるの！　見えない弾が」。

ここで放射能汚染が、戦争のアナロジーで語られるのは、原発事故による被曝がいわばヒロシマ、ナガサキを抱えた日本人のトラウマとしてあらためて浮上したためだろう。冷戦時代に第三次世界大戦の可能性は核戦争として想定され、それは人類の破滅を意味していた。

その意味で多和田葉子が「彼岸」[*6]のなかで描いた、原発に米軍機がつっこんで炎上する図は、原発がこんなにも建設されてきた最中には一顧だにされなかった仮想を原爆に結ぶ震災後ならではの表現だといえる。被害はまるで原爆文学が残したイメージそのものである。

（…）爆音に頬を殴られて空を見上げると、天空を半分隠すほど大きな茶色い傘がゆっくりと開くのを見た。（略）

＊5　クリスティーナ・岩田ワイケナントは、放射能を執拗に気にかける役割を女性にもたせたことにより、この映画がいわゆる「女性のヒステリア」のイメージを助長し、既存のジェンダーのステレオタイプを再度刻印することになったこと、また最終場面で、遠隔地へと避難し安心しきっている妻に対し、実はガイガーカウンターが放射能を検知していることを夫が隠すくだりについて、真実を知り得て、その情報をコントロールする役割が男性にあてられていることが父権的であるとして批判している。(Kristina Iwata-Weickgenannt, "Gendering 'Fukushima': Resistance, self-responsibility, and female hysteria in Sono Sion's *Land of Hope*, Barbara Geilhorn and Kristina Iwata-Weickgenannt ed., *Fukushima and the Arts: Negotiating nuclear disaster*, London and New York: Routledge, 2017.

加納実紀子『ヒロシマとフクシマのあいだ』で被爆者イメージは女性ジェンダー化して表象されてきたことが述べられているが、フクシマでもそれは同様なのかもしれない。

＊6　多和田葉子「彼岸」『献灯使』講談社、二〇一四年。

しかし人々が目に見える光景に注意を奪われていたのは数秒間のことで、その後は火傷《やけど》の痛みとの戦いとなった。目で見ただけでは皮膚に変化は見られないのに、腕や手がバーベキューの串で骨の近くまで突き刺されて、炭火にあてられ続けているように痛い。これまで経験したことのない不思議な火傷だった。（略）

その日、何千万人という人々が両手を前に伸ばしてよろけながら、近くの川や湖に向かって歩いていった。途中、靴が脱げても気がつかなかった。

（多和田葉子「彼岸」『献灯使』二〇七〜九頁）

「大きな茶色い傘がゆっくりと開く」とあれば、私たちはすぐさま原爆によるきのこ雲を想起するわけだし、「何千万人という人々が両手を前に伸ばしてよろけながら、近くの川や湖に」向かう姿もまた思い起こすことができるのは、原爆の惨禍としてそのイメージがすでに定着しているからだ。ここでは、あえて原爆にそっくりのイメージを引用することで、原爆とまったく同じことが原発の爆発によっても起こることが示唆されているのだ。そのようにして、ヒロシマあるいはナガサキとフクシマが結び合わされている。実際に、ヒロシマ、ナガサキとフクシマが、一つの連関性を持つとしたら、それは原子爆弾と原子力エネルギーが実質的には同じものだということに尽きる。そしてそのことは、『ゴジラ』をはじめ、長谷川和彦監督『太陽を盗んだ男』他でくり返し表象されてきた危機である。同時に、そのような危機は、常に地球の破滅あるいは人類の滅亡として描かれてきたのであって、大量死と市街壊滅のイメージを伴うものであった。ヒロシマの原爆ドームがそうであるように、原爆の象徴的イメージは、爆撃直後の焦土にあり、何もかもが塵と化した場にドームが立つ写真に写し取られた光景そのものである。それゆえに原爆ドームをその場に残しながらも、復興した広島の街の風景は、まるで被爆被害そのものからも回復したかのように錯覚させる効果がある。

このようにして、被爆が爆撃の一回性に回収されることは、むしろ米軍にも、それと意を通じる日本政府にも都合がよかった。被害をできるだけ小さく見積もって爆死に限定すれば、原爆症の認定を出さずにすむというわけだ。直接に爆撃による被害を受けていなければ、それは被爆ではないし、健康被害があっても原爆症とはいえないとされる。とすれば、原爆がつねに核爆弾の爆撃イメージとして語られることは、被曝を隠蔽するために働いていたということになるのではないか。

にもかかわらず、被爆者からみれば、フクシマは、ヒロシマ、ナガサキそのものであった。「ヒロシマはなぜフクシマを止められなかったのか」と自問した加納実紀代と同じく、ナガサキで被爆を経験している林京子は、フクシマ以後に次のように述べている。

わたしたち被爆者、「ヒバクシャ」という二〇世紀に創られた新しい人種を、これで終わりにしたいと願って体験を語り、綴り、生きてきました。にもかかわらずこの二一世紀に、さらなる被曝者を産み出してしまった。被爆国であるわたしたちの国が。

（「再びルイへ。」『群像』二〇一三年四月号、一一三頁）*7

ここで、フクシマを原爆と同等のものとただちに重ねられるのは、爆撃を生き延びた被爆者である。なぜなら彼女たちは、被爆者が原爆とともに死んだ死者たちのみをさすわけではないことを誰よりもよく知っているからだ。ヒロシマ、ナガサキにもあの日からの日々があり、それが七〇年間続いてきたにもかかわらず、ヒロシマ、ナガサキとフクシマが似ていないようにみえているとしたら、私たちはあの日の核爆弾の一撃のイメージに囚われてしまっているのかもしれない。映画『ひろしま』は、たしかにあの日の爆撃で亡くなった被爆者を描いたが、その一方で、それでもなお生き延びた生存者（survivors）があり、「いつ原爆症に命をとられるかと思って毎日びくびくして生きて」いる多く被爆者たちがいることを描いていた。もし私たちにとってヒロシマが単なる戦時下の悲惨としてしか思い描けないのだとすれば、いま一度それを描いた作品を読み直し位置づけなおす必要があるだろう。

『ヒロシマ・モナムール』を読み直す

二〇一四年に、マルグリット・デュラス『ヒロシマ・モナムール』（河出書房新社）が「フクシマ後の今こそ読みたいヒロシマと愛の物語」という帯をつけて、工藤庸子の新訳で出版された。この帯文の誘い文句にのって、ここでは『ヒロシマ・モナムール』を読み直すことで、フクシマを考える手がかりとしてみたい。

アラン・レネ監督『ヒロシマ・モナムール』（一九五九年）は、デュラスの脚本をもとに、広島で撮影されたヒロシマの物語である。エマニュエル・リヴァ演じるフランス人女優が映画の撮影のために広島に滞在し、岡田英次演じる建築家であり左翼の活動家の男と二晩をともに過ごす。女、男とだけ示され名前を持たない二人の物語は、ヒロシマをめぐる次の会話で幕を開ける。

男――きみはヒロシマで何も見なかった。何も。

女――わたしはすべてを見た。すべてを。

女――だって病院を、あれを、わたしは見た。それは確かなこと。ヒロシマには病院があるのだから。どうしてそれを見ずにいられるでしょう。

男――きみはヒロシマで病院を見なかった。きみはヒロシマで何も見なかった。[*8]

男は、女がヒロシマで見たというものをことごとく否定する。女は原爆資料館で見たものについて、それからニュース映画で見たものについて話す。たしかに女が見たといっているのは、平和記念資料館に置かれた遺物やニュース映画の古ぼけたフィルム映像、映画『ひろしま』で再現

＊7　初出は、『群像』二〇一三年四月号。のちに、林京子「再びルイへ。」『谷間／再びルイへ。』（講談社文芸文庫、二〇一六年）。

＊8　マルグリット・デュラス（工藤庸子訳）『ヒロシマ・モナムール』河出書房新社、二〇一四年、二一〜二二頁。以下、『ヒロシマ・モナムール』からの引用はすべて本書による。

された爆撃後の光景、あるいはジョン・ハーシーによるルポルタージュ『ヒロシマ』に綴られた出来事に過ぎない。

先にみたように災厄の当事者は事件の全体を把握することができないとすれば、『ヒロシマ・モナムール』冒頭の「きみはヒロシマで何も見なかった」「わたしはすべてを見た」という問答は、女が歴史的事件としてのヒロシマを見たとするのに対し、男が渦中の経験としての出来事を見ていないと言っているものと読める。とはいえ、『ヒロシマ・モナムール』はその歴史化された遠い出来事を自らの体験のようにして記憶することを模索しようとする物語である。

世界の多くの人々にとって、ヒロシマは「戦争の終わり」を意味するものだった。男が「フランスに居たとき、きみにとってヒロシマとは何だったの？」と問うと、女は次のようにこたえる。

> 戦争の終わり、つまりね、完全に終わったってこと。茫然とした……そんなことをやってしまったと考えただけで……ものの見事にやってしまったと考えただけで茫然とした。それにまた、わたしたちにとっては、未知の恐怖の始まりでもあった。それにまた、無関心が、さらには無関心への恐怖というものがあった……
>
> （『ヒロシマ・モナムール』五三頁）

フランス人の女にとって、ヒロシマは単なる戦争の終わりだったわけではない。女は、人類史上はじめて核兵器が使われたことに対する得体の知れない恐怖を語り、それに対して「わたしたち」が無関心であることの恐怖を語っている。フクシマ以後を生きる私たちは、その恐怖が現実のものとなったことを知っている。

当然のことだがフランスには フランスの戦時下があった。女にも娘時代にフランスのヌヴェールで恋人を失った過去がある。ドイツ兵であったことから恋人は射殺され、女は敵国の男とつうじていた罪で村中の人々から髪を丸刈りにされる辱めを受け[*9]、自宅の地下室に閉じ込められた。女はヒロシマを記憶しようとしながら、男にヌヴェールの記憶を手渡そうとする。ヌヴェールについて語りながら、女の中でその痛みがヒロシマと重なっていく。この物語において、女がヌヴェールのドイツ人の恋人について日本人の男に語って聞かせるとき、会話は意図的に二人の男を混同させて進められる。たとえば日本人の男は「きみが地下室にいるとき、ぼくは死んでいた?」のように尋ねて、ドイツ人の恋人の物語を聞き出すのだった。

やがて女は「ああ! これが恐ろしいの。だんだんと、うまくあなたを思い出せないようになっていく。」「……わたしは、あなたを忘れ始めている。あれほどの愛を忘れてしまうなんて、ぞっとするほど怖い」として忘却について語りだす。すると『ヒロシマ・モナムール』は忘却を必然として、それを記憶すべき術をさぐる物語であるということになる。きっと忘れてしまうヒロ

＊9　ドイツ占領下にドイツ兵と性的関係を持った女たちは解放後にのきなみ丸刈りの辱めを受けた。その数はフランス全土で実に二万人にのぼるという。フランス国立公文書館で二〇一六年一一月三〇日から二〇一七年三月二七日に開催された「推定有罪——一四〜二〇世紀（Présumées coupables 14e-20e siècle）」展では、キリスト教におけるイヴの原罪をはじめとして、ジャンヌ・ダルク、中世の魔女狩りなど、女性であることで被った罪の歴史を列挙し、その最後尾に二〇世紀の丸刈りの辱めがおかれていた。

シマ（あるいはヌヴェール）をどのようにして記憶するか。これが一つのテーマだ。ここに記憶されるべきヒロシマとは何か。

『ヒロシマ・モナムール』が撮影された一九五八年には、すでにヒロシマ、ナガサキに次ぐ第三の被爆の記憶である第五福竜丸事件が起こっていた。ヒロシマ、ナガサキからわずか一〇年足らずで日本人は再び米軍の水爆によって放射能にさらされた。女は言う「聞いて……／わたしは知っている……／すべて知っている。／それはつづいてしまったの」。一九五四年三月のビキニ環礁での水爆実験による被爆は実際は第五福竜丸だけでなく、そのほかの船舶をも巻き込んでいたのだが、ともあれ『ヒロシマ・モナムール』は、被爆した第五福竜丸の乗組員、廃棄される被爆したマグロの映像を入れ込み、女の次のセリフをかぶせていく。


女たちは月足らずの子や五体揃わぬ子を生む恐れがあるのだけれど、でも、それはつづいている。

男たちは、子種のない身になっている恐れがあるのだけれど、でも、それはつづいている。

雨は恐ろしいもの。

太平洋の海水に降り注ぐ灰の雨。

太平洋の海水は命を奪う。

太平洋の漁師たちが何人も死んだ。

食べ物は恐ろしい。

ひとつの町全体の食べ物が捨てられる。
いくつもの町全体の食べ物が地中に埋められる。
ひとつの町全体が怒りに燃える。
いくつもの町全体が怒りに燃える。

（『ヒロシマ・モナムール』三〇頁）

ここで女が語る被爆の恐怖は、爆撃の恐怖ではない。放射能雨にぬれて被曝する恐怖であり、放射能を含んだ「原子マグロ」を食べて内部被曝する恐怖であり、その結果、生殖機能がおかされる恐怖である。ここに原水禁のデモの映像が流れて、第五福竜丸事件が水爆という核兵器に対する抵抗運動を生みだしたことを告げている。しかし『ヒロシマ・モナムール』は、反核運動を示しながら、それを核兵器による大量死の問題としてまとめあげてしまうわけではない。『ヒロシマ・モナムール』がとりたてて問題にするのは、低線量被曝の恐怖のほうなのである。それはヒロシマ、ナガシマ以後にもたしかにあったはずなのに、第五福竜丸事件の原子マグロによってはじめて顕在化した問題であった。いまや、食の恐怖や雨や水に対する不安は、フクシマを経た私たちにとって、もっとも身近に感じられるものである。だが、低線量被曝については、ヒロシマ、ナガサキのイメージとしてはこれまで十分に想像されてこなかったのではなかったか。そのようにして、ヒロシマ、ナガサキから取りこぼされたイメージがあるのではないか。

アルベール・カミュは、一九四五年八月八日付『Combat』紙に次のように予言している。

機械文明は、ついに野蛮の最終段階に至った。ごく近い将来に、集団自殺か科学的発見の知的な活用かの選択を迫られることになるだろう。[*10]

あるいは、バタイユは次のように述べている。

地球全体がウラニウムに毒されるのを目にする可能性は、当然、広汎な反応を何らか引き起こしてしかるべきものである。しかし、我々が入りこんだこの不快な状況のなかでは、奇妙なことに、人間の声は、かつてあれほど力強く聖戦（征服、十字軍、宗教戦争）へ向かわせたり革命に向かわせたりしていたのに、今や、史上最も明白な理由を前にしていても、その美徳の影［栄光］を持てずにいるのである。

（ジョルジュ・バタイユ『ヒロシマの人々の物語』六頁）

ヒロシマの直後にすでに予告されているとおり、現在までのところ、原子力の使用を一斉にやめる議論は起こっていない。「史上最も明白な理由」であるヒロシマがあってさえも。

ヒロシマはその時から、常にすでにフクシマであった。現在から振り返ってみると、原子爆弾が使われた時点で、すでに原子力発電所という科学は予測されており、地球全体が被曝者をかかえ、それでもなお原子力を捨てられないでいることが見通されていたように読める。ジャン＝リュック・ナンシーもまた『フクシマの後で』[*11]のなかで次のように述べている。

原子力の「平和」利用が提起する問題とは、その究極の、そして究極的に持続的な有害性（nocivité）の問題である。この有害性は、ヒロシマの後でも、スリーマイル島の後でも、チェルノブイリの後でも、あるいはフクシマの後でもつねに同一である。

（ジャン＝リュック・ナンシー『フクシマの後で』四一〜二頁）

原爆も原発も同様に放射性物質による有害性をもたらすことは誰でも知っている。しかし一方でフクシマが、ヒロシマあるいはナガサキとは似ていないようにも捉えられているのは、フクシマがヒロシマやナガサキの持つ大量死のイメージと異なっているからだ。

では、フクシマとは何か。あるいは、フクシマに連なるヒロシマとは何か。この問いは、ヒロシマのイメージのなかに探られねばならないだろう。

＊10　Albert Camus, Arthur Goldhammer, trans., *Camus at Combat: Writing 1944-1947*, Princeton and Oxford: Princeton University Press, 2006, p.236.

＊11　ジャン＝リュック・ナンシー（渡名喜庸哲訳）『フクシマの後で――破局・技術・民主主義』以文社、二〇一二年。

マルグリット・デュラス『ヒロシマ・モナムール』で、女がヒロシマを見たと主張するとき、溶けた鉄や瓶、ケロイドの皮膚、ごっそり抜け落ちた女の髪といった典型的な被爆イメージとともに、草木に覆われる大地の様子を語っていることに注意したい。

……二週間目のこと。
ヒロシマは花々におおわれた。どこもかしこも、灰のなかから甦った矢車菊やグラジオラス、そして昼顔や朝顔などでいっぱいになっていた、花々に、そんな凄まじい生命力があるなんて、それまで誰も考えなかったけれど。

(『ヒロシマ・モナムール』二七頁)

この箇所は、デュラス自身の注によって、ジョン・ハーシーの『ヒロシマ』からとったことが明らかにされている。ハーシーの当該箇所は以下のとおりである。原爆投下のほぼ一ヶ月後の九月九日に佐々木とし子さんは他の病院に搬送され、はじめて「廃墟の広島」を見る。

荒れ果てたとは聞いていたし、まだ痛みはきつかったが、目で見るありさまには、いまさらながらおののき、驚愕した。廃墟のなかで、ふと気がついて、とりわけぞっとしたのは、街の瓦礫の間からのび、溝に生え、川岸に茂り、瓦やトタン屋根にからみ、黒焦げの幹に這《は》いのぼり、すべてを埋めつくしたのが、新鮮で生き生きとした、みずみずしい天衣無縫《てんいむほう》の緑だったことだ。青々としたバラが、つぶれ去った家々の土台にさえ生えていた。雑草はすでに灰燼《かいじん》を隠し、死都の骸骨《がいこつ》の間に野の花が咲き乱れている。爆弾は植物の地下の組織には手を触れなかったばかりか、そこに刺激をあたえたのだ。あちこちに、ヤグルマギク、ユッカ、アカザ、アサガオ、ワスレナグサ、ダイズ、マツバボタン、ゴボウ、ゴマ、キビ、ナツシロギクを見かけるのである。ことに市の中心に一円を描いて、ハブソウがすばらしい勢いで再生していた。黒焦げの残骸の間に伸びているばかりでなく、いままで生えていなかった煉瓦の間やアスファルト道の割れ目を抜いて、萌え出ていた。まるで、この草の種子がひと車、爆弾といっしょに落ちたかとさえ思われた。[*12]

まるで空から種をまかれたかのように、瓦礫の街にぞっとするほど繁茂する緑のイメージ。しかしそれは希望の緑ではなかった。「新鮮で生き生きとした、みずみずしい天衣無縫の緑」は爆弾とともにもたらされたのだし、それが原子爆弾であったことから、その緑はことごとく放射能にまみれていただろうから。

アメリカのトラウマ研究で知られるキャシー・カルースは、この箇所について次のように指摘している。

ササキさんの物語は、見ることを反復する物語である。彼女は大破壊の場に立ち戻ったが、

＊12　ジョン・ハーシー（石川欣一他訳）『ヒロシマ』（増補版）法政大学出版局、二〇一四年、八九頁。

そこはかつて「無意識の場」あるいは「意識の淵」であった。ササキさんは、何か「ぞくっとさせるもの」を今そこで見ている。それは「楽観的な様子で我が物顔に」茂り、廃墟を覆っていたもの、生命のかたちを、破壊という行為と分かちがたく結びつけているものであった。（略）彼女〔マルグリット・デュラス〕は咲き乱れる花々のくだりに「やけどで苦しむ子供たちが泣き叫んでいる画像」の資料映像を「かぶせ」、ササキさんの二つ目の見方を混乱におとしいれているのだ。デュラスは廃墟に咲き誇る花々の「楽観的な我が物顔」に、大破壊の瞬間の記録とその再建とを重ねた。そうすることでデュラスは、破壊の光景がいまだにバラバラのままであり、生命が生き延びる不思議をともなって絶え間なくもとの光景に立ち戻ってしまうことを強調したのである。[*13]

原爆による死都とは、生き物が死に絶える場所ではなかった。死者をものともせずに植物の繁茂増殖する場であった。不気味な緑は、そこを生き延びた生命によってさまざまに目撃されていたのであった。

井伏鱒二『黒い雨』においても、焦土に這い伸びる草が描かれた。工場長が「今後七十五年間、広島と長崎には草も生えぬそうだ」と言ったのに対して語り手（閑間重松《しずましげまつ》）が草が生えるのを見たと告げる。

ピカドンの名称は、初めが新兵器で、次に新型爆弾、秘密兵器、新型特殊爆弾、強性能特殊爆弾という順に変り、今日に至って僕は原子爆弾と呼ぶことを知った。しかし今後七十五年間も草が生えぬというのは嘘だろう。僕は焼跡で徒長している草を随所に見た。それを工場長に云うと、

「そう云えば、僕も見た。伸びすぎて、垂れさがっているスカンポを見たよ」と云った。

（井伏鱒二『黒い雨』新潮文庫、三〇〇頁）

被爆イメージは、単なる死滅を意味してはいない。そういえばゴジラも、むしろ不気味なほど巨大化する生物として想像されたのだった。ゴジラが、生命を変態させながら生き延びていくことの恐怖を象ったものだとすれば、焦土に繁茂する緑もまた生命の禍々しさを潜在させるものだといえるだろう。

この繁茂する緑のイメージは、まさにフクシマの、人の住まなくなったゾーンで見られた光景そのものだ。原発事故直後のゾーン内の桜が、誰にも見られることなく満開を迎えた写真をみたときの、奇妙にちぐはぐな感じを記憶する人も多いだろう。様々な写真から、高い放射線の値をはじき出すゾーン内が生命にあふれていることを私たちは知っている。核の脅威が想像してきた死と滅亡のイメージとはまったく反対に、そこは生き生きと生存するものの大地であった。この

＊13　キャシー・カルース（下河辺美知子訳）『トラウマ・歴史・物語——持ち主なき出来事』みすず書房、二〇〇五年、八〇〜一頁。

折り合わないイメージもまた、はやくヒロシマをあらわす原爆文学に語られていたのに、なぜか焦土の悲惨だけが強く印象づけられてきた。しかしそもそも原爆の悲惨さは、生き延びた生によって伝えられてきたはずなのである。

生の被傷性（vulnerability）

生存のイメージとして、とくにフクシマにおいて顕著であったのは、ゾーンに残された動物たちの姿である。コンクリートの路上を右往左往する牛たちの姿。原発のシンボルだったダチョウの闊歩する姿。人間が消え去ったことで、死に至ったものも多いが、その一方で繁殖を遂げたものもあった。カメラが捉えたゾーンの動物たちは、こちらをまなざしていたものもあった。それはフランスの作家・思想家のジャン＝クリストフ・バイイが動物のテーマで思考してきた問題そのものだ。バイイはリルケの『ドゥイノの悲歌』冒頭の「生き物はすべての眼で開かれた世界を見ている」を引いて、動物のまなざしについて次のように述べている。

まなざしの世界とは意味形成《シニフィアンス》の世界である。可能な、開かれた、まだ定まらない意味《サンス》の世界。言葉が差異という衝突を生み出すのに対して、まなざしは広げて並べる。言葉に表されないことがその基本であり源だ。まなざしは見つめる。それが思考の道、あるいは思惟の道なのだ。思惟は発音されず、発話もされないが、それは生じるし、それと分かる。それは眼の表面というきわめて不思議な場所、驚くほど無限な場所に生起する。[*14]

バイイがいうに、動物のまなざす世界は未だ意味づけられていない世界である。それは、『ヒロシマ・モナムール』でいえば、女が見たといい、男がなにも見ていないというヒロシマであり、女が記憶するヌヴェールであり、それらは歴史化されるまえのトラウマとしてある。あるいは、佐々木とし子さんの語りや『黒い雨』に記された焼け跡に繁茂する緑もまた意味を結ばない状態で目撃されている。この状態をバイイは「動物たちの思考性《パンシヴィテ》」と呼び、次のように説明している。

　人間の場合でも同じことなのだが、人間は決定や構成の欠如を言葉によって補っている。しかし動物たちには言語がないので、この欠如を代用するものがない。だからこそ、彼らにまなざしを向けられると——リルケの詩が簡潔かつ優しく語っているように——私たちは無防備になってしまうのだ。あの問いにも答えにもならないものを前にすると、未知の力と向き合っているような気分になる。哀願するような、穏やかなあのまなざしは、たしかに私たちを貫いている。この力に名前を付ける必要はないだろう。だが、この力の及ぶところにいると、私たちは別の思考形態と直面しているような気持ちになる。その先にはもう、狂おしいまでの、思考

＊14　ジャン＝クリストフ・バイイ（石田和男、山口俊洋訳）『思考する動物たち——人間と動物の共生をもとめて』出版館ブック・クラブ、二〇一三年、三六～七頁。

らしき道しか続いていない、そんな思考だ。（略）

私の関心は、人々が動物に思考能力を認めるかどうかにあるのではない。人間中心主義から抜け出してほしいのだ。人間が創造の頂点にあり、未来は人間だけのものだなどという、相も変らぬ繰り言のような信条を捨ててほしいのだ。動物たちの思考性――少なくとも私がそう名付け、たどり着こうとしているものは、気晴らしや好奇心のことではない。この思考性によって明らかになるのは、私たちの生きている世界が他の生物たちから見られているということだ。可視の世界は生き物たちの間で共有されている。そしてそこから政治が生まれるかもしれない――手遅れでなければ。

（『思考する動物たち』三七～八頁）

少しナイーブに響くかもしれないこの提言は、自然を治めることで文明を起こしてきたヨーロッパ文化にとっては馴染みの議論だともいえる。

バイイの「動物たちの思考性」は、ジャック・デリダ『動物を追う、ゆえに私は（動物で）ある』[*15]の問題提起に応えたものだという。デリダはバスルームで全裸でいるところを飼い猫にじっとまなざされる経験から議論をはじめているが、おもしろいことに『ヒロシマ・モナムール』にも女が猫にまなざされる記憶を語る場面がある。ヌヴェールでドイツ人との恋愛を村人に咎められ、髪を丸刈りにされた挙句地下室に閉じ込められていたとき、猫に見つめられた経験を次のように語っている。「ときたま、猫が入ってきて、じっと見るの。意地の悪い猫じゃないの。もう何もわからない」。

動物にまなざされた出来事はここでも一つの意味に結ばれることなく、女にとって「わからない」ままに置かれている。動物にとって、生存することがもっとも優先される本能である。それがおびやかされるようないかなる選択も動物はとらない。結局生き延びるために、女はヌヴェールを出ていく。

当たり前のことだが、生の被傷性は、生き残った者にこそ問われるものとなる。被ばく者にとって、生き残るとは、他者の死を目の当たりにしながら、死の恐怖におびえながらなおも生き続けることであった。その意味において、ようやくヒロシマ、ナガサキは、フクシマに接続するものとなる。

フクシマにおいて、被曝は、それが実際に我が身に起こったかどうかすら不確かで、常時不安としてのみ立ち現れてくる。被曝は、具体的な存在ではない。常に兆候から遡及的に振り返った地点に、つかみどころのない不確かな不安として見出されるのである。というのも、たとえ不調があったとしても、それが被曝によるものだとは容易に認定されないからである。不調という現実の現れに対しても、被曝は不安としてのみ回帰し、実体を結ばない。その意味で、この種の不安を常時抱え続けざるを得ないこの事態こそが、被曝者の生の被傷性《vulnerablity》なのであって、健康被害が直接の問題なのではない。ヒロシマ、ナガサキを生き延びた被爆者の抱えて来た問題も同様である。林京子は「再びルイへ。」のなかで「「内部被曝」の怖さは、放射性物質が零になる日まで、

＊15　ジャック・デリダ（鵜飼哲訳）『動物を追う、ゆえに私は（動物で）ある』筑摩書房、二〇一四年。

微弱であっても放射線を放射し続けること。発病するか否かではない」と述べている。

フクシマを経てようやくヒロシマ、ナガサキの被爆者たちが原爆症を認定されたケースが相次いだ。フクシマ以後、死へ向かう被ばくではなく、生の抱える被ばくが認められるようになって、私たちのヒロシマ、ナガサキへの向かい方も変わってきている。

たとえば石内都が原爆の犠牲者たちの遺品を撮った『ひろしま』という写真作品がある。刺繍に彩られた手提げかばんや、丁寧に仕立てられ、凝ったボタンをつけた衣装は、息をのむほど美しい。戦時下だからといって彼女たちは私たちとまったくちがっていたわけではなかった。それは『原爆の子』『ひろしま』『黒い雨』その他の映画に再現されたものからは知り得なかったことだった。私たちと同じように美しいものをいつくしみ、可憐なものを愛でていた人たちにとって、あの日の死は、おそらくはまったく予期せぬ形で訪れただろうことを知るのである。これらの遺された美しい衣装の断片を以て、その持ち主の生の危うさ（precarious life）に立ち返ることができる。その美しさと可憐さは死者に属するものであるにもかかわらず、不思議に生き残った者たち（survivors）のその後の生に接続している。七〇年のあいだそれを大切に持ち続け、想いつづけた生者に結ばれているからだろう。生者が、死者を生かしつづけているということは、震災後文学がさまざまに描いた主題でもある。

忘却を逃れて記憶するために『ヒロシマ・モナムール』は、ヒロシマとヌヴェールを男女の恋人としてあらわした。『ヒロシマ・モナムール』のラストシーンで、女が男に「ヒ・ロ・シ・マ。／ヒ・ロ・シ・マ。それが、あなたの名」と呼びかけ、男が「それは、ぼくの名。そうだね。／

（略）そして、きみの名は、ヌヴェール。フラン・ス・の・ヌ・ヴェール」と答えるとき、デュラスは、次のように書く。

女は《遠くに向ける》かのように、驚嘆しながら呼びかける。すべてを呑みこむ忘却の淵に、ついに男を沈めることができたのだ。女は、そのことに驚嘆するのである。

（『ヒロシマ・モナムール』一四五頁）

ここに言われる「忘却の淵に、ついに男を沈めることができた」というのを字義どおりにとるわけにはいかない。というのは、デュラスはここにわざわざ「女は、そのことに驚嘆するのである」と付け加えているからだ。このとき、男は女の両腕をつかんで目の前に立っている。あれほど忘却を恐れていた女が、男を目の前にしたまま男を「忘却」するのはあまりに不自然だという点はおいておくとしても、忘却が、本当にすっかりと記憶を葬り去ることを意味するとしたら、「忘却」したことを「驚嘆」することは不可能だ。そのことを呼び戻せないほどに忘れ去ってしまっていたなら、忘れたという事実も同時に消え去ってしまう。なにもかもを忘れたあとに、一体なにが残っているというのだろう。したがって、ここは、ヒロシマを「忘却の淵」に沈めても、なお水底に眠っていると解するべきであろう。

ヌヴェールの話をきいたあと男は次のように言っている。

何年かたって、ぼくがきみを忘れてしまったころに、そして、なんとなくずるずると、今回と同じようなことを何回も経験してしまったときに、ぼくはきみのことを思い出すだろう、まさに愛の忘却として。忘却の恐ろしさとして、今回のことに想いを馳せるだろう。もうそのことがわかるんだ。

（『ヒロシマ・モナムール』一一八頁）

ここでいう「忘却」もまた、すっかり忘れ去ってしまうことではない。忘れているつもりでもあるときふと思い出す。恋人と同じだ。別れて新しい人とちがう人生を歩み始めても、おそらく愛し合った恋人のことは、生涯のあいだ完全に忘れてしまうことはない。さまざまな出来事や経験を忘れてしまっても、愛した人のことは完全には忘れてしまうことがないというのは、考えると不思議な作用のようにも思う。デュラスは、ヒロシマを私の恋人（モナムール）として形象化することで、決して忘れることができないものにしようとしたのだ。

戦後七〇年にあらわれた表現は、たとえヒロシマ、ナガサキを描くものであっても東日本大震災から捉えなおされ、読み直されるものとなった。かつまた東日本大震災をすぐさま戦争にたとえた直観をあらためて確かめるものともなった。しかしそれは、フクシマが戦争状態であることを意味しない。むしろ戦後をフクシマから読み直し、戦後のなかにフクシマを見出すことであった。フクシマが起こったとき、こうなることを知っていたと感じた人たちが少なからずいた。忘却の淵に沈む記憶が、いま再び呼び戻されようとしているのである。

二〇一五年には、堀田善衛『時間』（岩波現代文庫）が再刊されて、南京大虐殺を中国人の視点で描いた驚くべき小説がひょっこりとこの世に顔を出した。おそらく震災後文学は今からすでに未来のそのような出逢い直しに向けて書かれているのである。

第四章　震災から戦争へ

第三世代による戦争の語り

太平洋戦争という、一時はすっかり忘却のかなたに追いやられていた「あの戦争」の文学が二〇一五年に戦後七〇年を迎えたことで、まるで封印が解かれたかのように続々と現れ出た。二〇一五年の戦争の問い直しは、戦後五〇年にも六〇年にもなかった切迫感があった。おそらくそれは東日本大震災が、かの戦災にたとえられたような壊滅的な危機を思わせたせたというだけではなく、再びの被曝を引き起こした原発事故によって、戦後の歩みを問い直さなければならないという機運をつくったためだろう。いまや、第二次世界大戦は、第三世代、つまり生還者の孫世代によって書かれるようになっている。また震災後、南洋の戦争を描く戦争小説が立て続けに文学新人賞をとっている。

二〇一六年、第二回林芙美子文学賞受賞作の高山羽根子「太陽の側の島」は、南洋の島に派兵された夫と日本の妻との手紙で成る書簡体小説であり、インドネシアとおぼしき景が描かれた。

二〇一六年の第三二回太宰治賞受賞作は、夜釣十六の「楽園」であった。三〇代の青年が、祖父の戦争体験を聴き知る物語である。ここで祖父が出征したのもインドネシアと思われる。

こうした孫世代による南洋の戦争を扱う小説のはじまりには、二〇一四年新潮新人賞受賞作の高橋弘希『指の骨』（新潮社、二〇一五年）*1があった。

冒頭、黄色い街道を無気力に歩き続けている人々を主人公がみつめているシーンからはじまる。舞台はニューギニア戦。サラモウアを目指しているらしいが、弱りきった兵の歩みは行軍とはとてもいえそうにない。軍隊としての機能はもはや失われ、ただひたすら足を前に出しているだけの人たち。辛うじて死の淵に爪先立っているかのような虫の息の生命体をこの小説は「兵隊」ではなく、「人間」と呼んでいる。ここに描かれる戦争は、徹底して「人間」の生き死にであって、戦闘ではないという小説の宣言のように思える。

主人公は「アルマイトの弁当箱に入った、人間の、指の骨」を背負っている。野戦病院で親しくなった眞田の肉体の一部である。生きて内地に帰還し、それを眞田の息子に届けなければならない。それが「指きりげんまん」の約束だ。それなのに主人公は「やはり私は、あの夜の穴で死ぬべきだったのだろう」と病院に担ぎ込まれる前に負傷したときのことを思い返していて、すでにして不穏な予感がする。

あのとき死ななかったから自らの運命が「この黄色い街道と結びついてしまったのではないかと、今では思う」とある。語りの現在時はこの「今」にあって、小説の最終地点はこの場面に結ばれているから、物語はすべて回想として語られていくことになる。思えば戦記というのはつねに回想としてのみ語られ得るものである。ならば、この主人公もまた生き延びて語り手となったのではないかと思いたいのに、冒頭から主人公の死の気配が濃厚に漂っているのだ。この先行きの不透明さが、主人公の行方を追っていく読者にとってはまさに絶妙の按配で一気に引き込まれる。ところで主人公が言う死ぬべきときとはいったいいつのことだろう。物語はすぐさま野戦病院に運び込まれる直前のイスラバ山腹の場面へと向かう。このときこそが自らの死にもっとも近接した場面だと思っているのは、幼馴染の古谷が錯乱したようにタコ壺を飛び出して戦死したせいではない。古谷のもとに駆けつけようと試みて負傷したせいでもない。彼がここで一人のオーストラリア軍の白人の青年を撃ち殺したせいなのである。その人殺しの手触りが、何度もタコ壺の夜へと彼の記憶を誘うのだった。そこでは日本軍とオーストラリア軍との撃ち合いが行われていたのだから、主人公もしきりと発砲していたのである。けれどもはっきりと人を殺したという実感をもたらしたのは、そんな銃撃戦の最中ではなかった。たしかに彼の尊敬する田辺分隊長を撃ち殺した敵兵ではあったけれども、それはふっとしたタイミングでほとんど偶発的に成功してしまった殺人だった。

その物音で、濠軍兵は顔だけをこちらへ向けた。その年若い白人兵はきょとんとして、穴の縁から顔を出す私の姿を、青い瞳で見つめていた。私は引鉄を引いた。銃弾は若者の白い首の

＊1　初出は『新潮』二〇一四年一一月号。のちに『指の骨』新潮文庫、二〇一七年。

根に減《め》り込み、彼は英語で鳥の鳴き声のように何か喚き、血液の溢れる首筋を掌で押さえたまま、後方へと倒れた。

（『指の骨』六頁）

のちに密林のなかで原住民に襲われて逃げ惑いながら主人公が再びこの殺人の記憶を思い出しているのは、だから自分も殺されて当然だと考えるからだろう。「私に殺意はなかった。殺傷行為をしておきながら殺意はなかった。あの若者がきょとんと青い瞳で私を見たように、私もまたきょとんと引鉄を引いたのだ」として、「きょとんと」無垢に行われてしまう殺人の集積が、この小説の戦争なのであった。これこそが、教育勅語の洗脳も天皇への忠誠もなく、戦場に送り込まれてしまった二一世紀の青年のリアリティに違いない。だから主人公の体験する戦争には人間の醜さや邪悪さはない。小説の中心は、野戦病院での戦時中とは思えないほどののどかな日々であって、とくに原住民カナカの集落で眞田が日本語を教え、その返礼に食べ物やシェルマネーをもらうやりとりなどは、ほのぼのとして戦時であることを忘れてしまいそうになるほどだ。

ただし、その平静はある種の感覚の麻痺によって保たれていることもきちんと描かれている。一緒に出征してきた同郷の友人二人が死に、野戦病院で次々に患者が死んでいくのをみても、語り手に「哀しみはなかった」という。そのことについて「私はその頃、どうも心身に空洞ができてしまったようだった」と説明し、哀しむべき死を悼む心のないことが自覚されているのである。物語終盤、すでに敗走のかまえに入ったころ、野戦病院で世話になっていた軍医がピストル自殺する。軍医の遺体を見下ろしながら、あとで取り引きに使えるのではないかという下心で主人公はピストルを手に入れようとする。硬直した指が邪魔になっているから、引鉄にまきついた指を銃剣で切り落とそうとする。しかし切っ先に自らの顔が映っているのを見つけてすんでのところで我にかえるのである。「自分がおかしなことをしていると、ようやく気づいた」というのだ。だが死体から指を落とすのは、内地に生きた証を届けるための常套手段だったはずではないのか。その躊躇いは下心によるものだけなのか。

黄色い街道にたどりつく直前に、一人の兵士が遺髪か骨を妻子に届けてほしいと言い遺して死ぬ。いつものように指を切り、それを焼いて骨にしているうちに飢餓の絶頂にあった仲間たちは肉の匂いに浮き足だってくる。ここへきて背中のアルマイトの「指の骨」が不気味さを増して迫って来る。遺体は火葬することができないから、指を焼くことで遺骨を届けるわけだが、それは人肉を焼く行為とほとんど紙一重なのだった。けれども「今にしてみれば、人喰いはあのようにして始まったのかもしれない」と考える主人公は、その場から一目散に逃げだしていく。

小説の最終場面は冒頭に連なる。主人公の意識はとっくに明滅的になっていて、木に背をあずけて座っていたはずが目を開けたら転がっていた。

夕焼けの中に、死体の腕が横たわっていた。五本の指は、卵でも握るようにして、内側へと丸まっていた。私は横倒しの世界の中で、大事そうに何かを握る死体の掌を、どこか不思議そうに眺めていた。

（『指の骨』一二二頁）

ここでいう「死体」は比喩ではない。頭を撃ち抜かれた藤木。飯を食べながらこと切れた病者。本人も気づかぬうちに生を閉じたいくつもの死の描写はすべてここに結ばれる。この語り手も自分が死んだことに気づいていないのである。すでに死体となった語り手が見えないはずの目で五本の指を見つめている。それを「私は〜眺めていた」という一人称語りで最後まで語りきっている。つまりは主人公の回想で埋め尽くされたこの小説は、戦死者による戦争語りだったのである。物語を語り続けながら、死んでいく。死者による戦争の語りである。そんなことは小説にしかできない。『指の骨』は語りの戦略を見事に成功させている。

ところで戦争における人肉食の問題は、戦争経験者にとって封印したい記憶だったにちがいない。大岡昇平の『野火』(一九五二年)が絶対の禁忌としてほのめかしにとどめざるを得なかったのは、読者もまた戦争体験者の世代だったせいもあるだろう。塚本晋也監督が体をはって撮った『野火』(二〇一五年)が人肉食の主題を徹底的にあぶりだし、おぼろげな表現を極限まで具象化することができたのも、戦後七〇年近くを経て、すでに戦争経験者がマジョリティではなくなったことが大きいだろう。死体にうじがはいまわる吐き気のするような気持ちの悪さは、戦争体験者のトラウマを刺激するものに違いないが、いまや戦争を知らない世代の忌避感をかきたてるために作用する。

その意味で、第三世代の作家ではないが浅田次郎の短編集『帰郷』(集英社、二〇一六年)もまたあたらしい世代のための戦争小説である。*2「金鵄のもとに」は、ニューギニア、ブーゲンビル島で部隊が玉砕し、一人生き残った帰還兵が主人公だ。ジャングルのなかで一年半をすごした主人公はしきりといい体をしているとほめられる。「ジャングルの中で出くわして怖いものは、味方の兵だった」と回想するのは、壮絶な飢えをかかえてなおも生き残るためには仲間の肉を喰らう以外に方法がなかったからだ。しかし日本に戻っても物資は乏しく職もなく、帰還兵たちはふたたび飢えている。主人公は物乞いする傷痍軍人をまとめている男と知り合う。南洋の島で同様の経験をしたらしい男は「何人もの兵隊を腹におさめて帰ってきた俺たちは、もうお国の勝手で飢え死んじゃならねえんだ。何としても生き抜かにゃならねんだよ」と説く。主人公は、職を得るために、あるいは贖罪のために片腕を落として物乞いとなった。

そのように考えると、高橋弘希『指の骨』が人肉食の問題に接近しながらも、戦争の狂気から一人我に返って逃走する主人公を描いたことは、大岡昇平あるいは戦争体験者の描く世界の焼き直しの感がある。小説内で死んだ仲間の指の骨を祖国へ持ち帰るために肉を焼いたとき、飢えた仲間たちはその匂いに酔って人肉を喰らっただろう。なぜ主人公一人が無垢でいられたのか。一人称小説における語り手のイノセンスは、長らく小説を支える肝となってきた。しかし一方でそんな伝統はすでに過去の作品によって打ち破られてもいるのである。語り手のイノセンスに無条件に寄りかかることができないとしたら、その無垢である理由を突き詰めねばならないだろう。戦争経験者の語り得ないトラウマに迫る特権を有した第三世代の作家にこそ問い得ることがある

＊2　浅田次郎自身は「戦争小説集というより反戦小説集」だと語っている（浅田次郎インタビュー「〈戦争〉という普遍を書く。」『青春と読書』集英社、二〇一六年七月号）。

はずだ。

青来有一の「小指が燃える」が、二〇一〇年に『文學界』一一月号に発表した「小指が重くて」を改稿するかたちで南方戦線を描き、「小指が重くて」には描かれなかった人肉食を加え、生き残った四人の日本兵のうちの一人が島民を殺して喰らったあげく「あれはうまかったなぁ」と語っているのは、高橋弘希『指の骨』への批判とも読むこともできるだろう。青来有一の小説の方法は、過去に語られたカタストロフを描いた小説を下敷きにして、そこに長崎の土地の記憶を上書きするようなかたちで重ねていくものだ。「愛撫、不和、和解、愛撫の日々」(『悲しみと無のあいだ』文藝春秋、二〇一五年)にあるように、「爆心の地で暮らし」てきた作家は、祖父や父を含めた多くの被爆者たちが「無口で語りたがらず老いていくばかりで、おかげで家族に伝わっていくことといったらカタストロフを語るはっきりとしたことばではなくて、ぼんやりとした経験の影、重圧のようなものばかり」であったと書いているのだが、それだけですでに背負っているものがあるにもかかわらず、あえて「八月九日を知」らない者と自らを位置づけている。全集発刊の記念イベントで「Hさん」こと、林京子にはじめて会った語り手は、あの日を経験していない自分が何を書いても、「現実に経験したHさんから、あなたが書いたものはちがう、そうじゃなかったわ、と言われたらおしまい」だという思いにとりつかれていることを伝えるのだが、Hさんは「自由に書いていいのですよ、小説は自由です」と答えている。このエピソードが「小指が燃える」にもくり返し書かれているのだが、それは原爆を知る被爆者が作家の父親を含めて、この世から去っていく間際に、作家がそれを引き継ぐためにあるのだと読める。そしてさらに戦争から遠い世代へと原爆小説は引き渡されているのである。

ところで、なぜ南洋の戦争がいまあらたに書かれているのだろうか。戦争末期のやみくもな戦略は、多くの餓死者を出し、英雄伝のような戦記とは一線を画す。しかも七〇年代になって、南洋から日本兵が帰還するなどの出来事があって、いったいジャングルでどのようにして三〇年も生き延びたのかと南洋戦線の不可解は増すばかりであった。当事者がほぼ全滅したような戦地なら、小説の想像力の入り込む余地が十分にあるだろうし、小説によって是非とも把握したいと思わせる空白でもある。いまになって、南洋の戦争があからさまにする事実は、飢えに勝てずに悪魔に魂を売り渡して生き延びた者たちの物語であり、その裏に同時に透かしみえる自らの命を賭して、人間の尊厳と倫理にふみとどまった幾多の兵士たちの物語である。

しかしなぜそれが、第三世代によって書かれているのか。ホロコーストや原爆は、生存者に強烈な恥の感覚を刻印した。二〇一四年に横浜トリエンナーレに出品された土田ヒロミの写真作品「ヒロシマ　1945-1979 / 2005」によれば、自らの子ども世代に被爆の経験を積極的に語って聞かせた親は多くはなかった。「ヒロシマ　1945-1979 / 2005」は、原爆体験記『原爆の子』に執筆した子どもたちのその後を七〇年代と二〇〇五年前後に撮影した二枚の写真を並べて展示するものだった。七〇年代に撮影拒否した人々が、二〇〇五年になって撮影に応じているケースがあったことが印象的だ。この差異は、ちょうど孫世代に対しては被爆の経験を語れるようになったという時間の経緯に一致する。それは戦争や被爆の記憶がいまだ鮮明な一九六五年に出版された井伏鱒二『黒い雨』と、すでに戦争を知らない世代がマジョリティとなった一九八九年になって同作を今村昌平監督が映画化したときの差異とは異なっているだろう。安倍・オースタッド・玲子によれば、八九年の映画『黒い雨』は、戦争を知らない世代の教育効果と、その年の一月に昭和天皇が崩御したことによる、日本の戦争体験を再考する流れの一つの現れであった[*3]。そこに登場するのは、戦争体験者なのだから、バブルにわく八〇年代の観客は、第一世代の声を聞く経験をしたまでのことだった。戦争教育とは、実際に戦後から現在まで、体験者の声を聞き、理解することとして構成されていたのであって、自らが戦争を想像し、小説にすることは、当事者ではないという理由で難しかった。それに対して第三世代は、こうしたしがらみから解かれてより自由なのである。

たとえば、日系アメリカ人作家のジュリー・オオツカの『屋根裏の仏さま』（新潮社、二〇一六年）がある。アメリカ移民の日本人男性のもとへ写真だけで見合いをし、渡米し嫁入りした「写真花嫁」の歴史を掘り起こしたものだ。やがて第二次世界大戦となり、日系人は捕虜として収容所に送られる。原作は二〇一一年に出ているのだが、むしろ戦争文学が注目されている戦後七〇年だからこそ日系人の太平洋戦争という視座が生きている。

宮内悠介『カブールの園』（文藝春秋、二〇一七年）もまた、戦時下にアメリカで日系人が収容所に送られた歴史を追う第三世代による物語だった。舞台は、アメリカはカリフォルニア。日系二世、三世の二代にわたる母娘の確執を描く。ベンチャー企業のプログラマーとして成功している主人公は、三八歳にもなろうというのに子供時代のいじめのトラウマに苦しんでいて、ヴァーチャルリアリティのシステムを使って過去を追体験しながら克服するというプログラムに取り組んでいる。主人公はいじめの原因は母親にあると思っているのだが、そこには語られなかった戦時下の日系人の経験があり、また主人公がアメリカ社会でいじめにあう原因の一つには彼女が日系人であることが深く関わっている。主人公は、彼女の現在を形作るミッシングリンクを探すようにして、戦時下に日系人が送られたマンザナー収容所跡を見学に行く。いまは博物館となった場所の、肉声で証言を聴けるコーナーで、彼女は自分たち家族につながる人を発見し、自らのルーツに出会い、母との和解を遂げ、人種差別というトラウマを克服するのである。この物語を第二世代の母親は語れなかった。そのことがかえって第三世代による戦争の物語を生み出す原動力となっているのである。

今日マチ子による沖縄戦を描いたマンガ『COCOON』（秋田書店、二〇一〇年）は二〇一三年に「マームとジプシー」によって舞台化された。今日マチ子には、長崎の原爆を扱った『ぱらいそ』（秋田書店、二〇一五年）もある。あるいは広島の原爆を軍港都市の呉から描いたこうの史代『この世界の片隅に』（アクションコミックス、二〇〇八年）が二〇一六年に片渕須直監督によって映画化され、クラウドファンディングで資金集めをして制作されたにもかかわらず興行収入二六億円を超えるヒット作となるなど、第三世代によるあたらしい戦争の語りは、従来の戦争教育の典型的な語りを離れて、より柔軟にかつまた自由に戦争を問い直しているのである。

＊3　Reiko Abe Auestad, "Ibuse Masuji's Kuroi Ame（1965）and Imamura Shōhei's Film Adaptation（1989）," *Bunron - Journal of Japanese Literary Studies*, No.4, 2017.

七〇年後のヒロシマ・モナムール

ジャン＝ガブリエル・ペリオ監督『なつのひかり』（二〇一七年公開）もまた第三世代によるヒロシマの物語である。『なつのひかり』は、フランス人監督による、まさに七〇年めの『ヒロシマ・モナムール』であった。アラン・レネ監督『ヒロシマ・モナムール』（一九五九年）がフランスから平和のための映画をとりに広島にやってきた女優と日本の男性が二晩を過ごす物語だったとすれば、『なつのひかり』で、フランスのテレビ番組の原爆七〇周年関連のドキュメンタリー撮影のためにパリからやってくるのは、パリに住んで二〇年になる日本人、アキヒロである。撮影を終えて、翌日の朝の新幹線で東京にもどり、パリに飛ぶという、わずか半日を広島の平和記念公園で出逢った女と過ごすのである。

映画は、ヨネヤマママコが演じる被爆者のタケダさんの語りを撮影するところからはじまる。『ヒロシマ・モナムール』冒頭の男女のやりとりが、「きみはヒロシマで何も見なかった。何も」「わたしはすべてを見た。すべてを」であったことを引き合いにするなら、ヒロシマで本当にすべてを見た、タケダさんの語りがそこに対置されていることになる。

その実、原爆が落とされた当日にタケダさんがみた光景は、そのまま原民喜の「夏の花」などに描かれていることに重なるのである。当時一四歳だったタケダさんが熱を入れて話すのは、病院で看護婦として働いていた「ミチコねえちゃん」のことである。次々に担ぎ込まれる患者の手当てに追われ、一ヶ月以上たって家に帰ってきたときにはミチコはすっかり憔悴しきっていた。

眠っているミチコの額をなでると、タケダさんの手にごっそりと抜けた髪がからまってきた。ミチコは「泣かんどって」と言ったという。やがて体中の痛みを訴えて、原爆症で死んでいった。ミチコはまだ二〇歳だった。

タケダさんは一八歳になると広島を出て東京へ行き、被爆者であることは隠して生きてきた。けれども現在は広島に戻って語り部として経験を語って聞かせている。その動機は、おそらく地獄絵図のような街を歩きながら、「人生であんなに怒ったことはない」と語る、怒りを原動力としているのだろう。タケダさんは「私にできることは語ることしかない」「それが私の闘いなんです」と話を締めくくる。話を聞いたアキヒロはいたたまれなくなって平和記念公園にやってくる。するとベンチで隣り合わせた浴衣姿の古風な女が話しかけてくる。

『ヒロシマ・モナムール』で男女が広島の街を徘徊したように、アキヒロは広島の街を女の案内で歩き回る。観客は、現在の広島の街を見ながら、『ヒロシマ・モナムール』を重ねあわせ、一九五八年当時の街がいかにがらんとしていたかにあらためて気づかされるだろう。

ときおり女は原爆が落ちてからのこの街の来し方をずっと見てきたように話す。看護学校に通ったという話をするあたりから勘のいい観客は、この女が死んだ「ミチコねえちゃん」ではないかと感づくだろう。女が実際に名を名乗るのは物語の後半、アキヒロを引っ張って海辺の町に行ったときだ。「タケダミチコ」だという。「タケダさん」、「ミチコねえちゃん」とあんなにくり返されていたのだから、アキヒロが、今朝、話をきいた人のお姉さんと同じ名前だ、と驚くのを待たずとも彼女が幽霊であることを観客はすでに了解している。折しも今夜は盆踊りが行われる晩だ。ミチコはお盆のたびに広島に帰ってきていたのだろう。いつしかミチコが幽霊だと了解しているアキヒロは「ねぇ、ほんとに行っちゃうの」と尋ね、ミチコが霊界へ帰っていくのを見送っている。

フランスの観客のために、毎年お盆になると死んだ人は家族のもとに帰ってくるのだという説明をアキヒロが海辺で知り合った子どもにしている。このとき子どもは「みっちゃんは家族じゃないよ」というが、それに対してアキヒロは「家族なんていうのはさぁ、こう何度だってこしらえることができる」と答えている。このセリフは、この子どもが父親を知らず、東京で働いている母親と離れて祖父と広島の田舎で暮らしている、そのことを励ますために言われているというのではあまりに単純だ。そもそもなぜアキヒロはミチコと出逢ったのか。平和記念公園で、ミチコは引き取り手のいない七万の犠牲者の遺骨が埋められているという供養塔をアキヒロに示してもいた。供養してくれる遺族のいない幽霊たちはお盆のたびにいったいどこへ戻ってくればいいというのだろう。戻る場所がないのなら、フランスからやってきた、広島に縁もゆかりもない男が、誰かの体験を引き受けるようにして幽霊と邂逅したってかまわないではないか。ミチコと時を共有することで、アキヒロはつかの間、ミチコの戻ってくるべき「家族」になったのだとすれば、誰だって、その幽霊の戻る場所をこしらえることができるという意味になるだろう。典型的な第三世代のアキヒロは、死者の目で広島をめぐることになる。それはその気になりさえすれば、誰にでも可能なのだ。

ところでジャン＝ガブリエル・ペリオの広島への関心は、震災と直接かかわっているというわけではない。広島については、すでに二〇〇七年に、一九一五年の建設当時から現在までの一〇〇年にわたる、広島の来し方を見つめるビデオ作品『二十万の亡霊』(200 000 Fantômes)を発表している。Current 93「Larkspur and Lazarus」[*4]のピアノの旋律にのせて広島原爆ドームが映った写真が建設当時のものから上に重ねられていく。しだいに飛行機の音が近づいてきて、爆発音がすると画面は閃光をあらわすかのようにホワイトアウトし、やがてブラックアウトする。無音のなか、原爆投下後の広島を写した写真が数枚流れたあと、再び「Larkspur and Lazarus」が流れだし、原爆ドームの写真が四季の移り変わりと街の復興を写しながら時間軸の順に重ねられていく。二〇一七年の『なつのひかり』の上映は、この『二十万の亡霊』を冒頭に流す、二本立てで行われた。原爆ドームは広島の原爆の惨禍を後世に伝えるために保存された被爆遺構である。そのドームが見つめつづけた一〇〇年に、ジャン=ガブリエル・ペリオは、『二十万の亡霊』というタイトルをつけた。二〇万という数字は、原爆で亡くなった人の数を示しているのだろうが、その人々がこのドームの象徴する原爆の街、広島に亡霊としてたしかに存在していることを示す。音楽が途切れたあと、矢継ぎ早に現在の原爆ドームの写真が重ねられたあと、原爆ドームの前の元安川で毎年八月六日に行われている灯籠流しの写真が重ねられる。灯籠の部分を切り出して重ねた数枚によって、写真という静止画面の上を灯籠が流れていくかのようにみえる。いつしかドームへの視線を離れて観客は灯籠をみつめるようになる。灯籠は死者の供養のために流しているのだから、

＊4　Current 93によるアルバム『Soft Black Stars』(一九九八年)に収録。

この灯り一つ一つが死者なのだ。カラー写真で重ねられた灯籠流しの写真が白黒写真に反転すると、夏に川床を楽しんだときのものであろう、家族写真が重ねられる。これが最後の一枚となる。戦前か少なくとも原爆投下より前に撮られたと一目でわかる写真は、人物が透過するように細工してある。灯籠流しの写真に重ねられた、その人たちは幽霊そのものだ。ジャン゠カブエル・ペリオ作品で、原爆ドームが象徴するのはただ原爆を落とされたという歴史ではない。広島の街が、こうした無数の死者たちの霊にとり憑かれているということなのである。『二十万の亡霊』では、あくまで概念的な存在であった亡霊が、『なつのひかり』によってより具体化して表現された。その亡霊の表現が震災後文学に描かれた霊と共鳴し合い、過去との向き合い方をあらたにさし示しているのだ。

ヒロシマという亡霊

そもそもフランス人にとって、ヒロシマはつねにすでに亡霊的なのである。フランス語では、hは発音されないから、ヒロシマはフランス語のなかに置かれると「イロシマ」になる。ただしフランス語にhの存在がまったく認識されていないわけではなくて、リエゾンしたりしなかったりという区別において、いずれにせよ実際には発音されないにもかかわらず、無音のhと有音のhという区分が存在している。しかも、hは音として聞き取れないが、文字としては消滅してしまったわけではないので、書かれるときには現れる、たしかな存在なのである。ダニエル・ヘラー・ローゼン『反響言語——忘れられた言語について』[*5]によると、文字の歴史を概観すると消滅してしまう文字もあるのに、hは消えることがなかった。興味深いことに、ローゼンはこうした文字の消滅と再生を「亡霊」の比喩で説明している。

文字はまた、何度も消え去り、そして死亡宣告された後でも、まるで亡霊のように、再び現れることもある。[*6]

この場合の「亡霊」はフランス語ではespritと表現されており、それはhが気音であることをしめす語と同一でもあるのだが、ともあれ、hの亡霊性は、ジャック・デリダが、hantologie（憑在論）ということばをつくったときに、存在論（ontologie）に英語の憑依する（haunting）をくっつけて、憑依されているにもかかわらず、存在としては見えないことをフランス語の無音のhによって表現したことにも通じる。

ヒロシマが、フランス語において「イロシマ」であるということは、そこにとり憑いたhとしての原爆が見え隠れしているといえるだろう。関口涼子は、『これは偶然ではない——ジャパニ

＊5　Daniel Heller-Roazen, *Echolalias: On the Forgetting of Language*, New York: Zone Books, 2005.

＊6　この引用は、同書フランス語版の以下の箇所から採った。
Il est également possible, pour une lettre, de disparaître à plusieurs reprises et de reparaître, tel un esprit bien après que son décès a été prononcé. (Daniel Heller-Roazen, *Écholalies: Essai sur l'obuli des langues*, Seuil, 2007, p. 36.)

ーズ・クロニクル』において、ミシェル・ポマレド監督のヒロシマの被爆者についてのラジオルポルタージュについて二〇〇五年にインタビューを受けたときに、フランス語におけるヒロシマの問題について次のように語ったことを思い出している。

私は広島という地名の発音のことを話したと思う。日本語にとっての「ひ」はフランス語では、「イロシマ」と聞こえるのである。広島が「ひろしま」と発音されるのを聞くとき、私は原爆のことを含めて六五年のあいだ、この街が辿ってきた道のりを考えはするが、それだけではない。日本人が「広島に行く」といったとき、私はいつも原爆のことを思い出しているわけではない。けれども「イロシマ」は、ほとんどこの災いを喚起するためだけにしか発音されない。そうしたことにより、「イロシマ」は歴史の刻印をより深く刻んでいる。わずかな息として現れる、気音のhは戦後六五年の時間を表象しているのだ。[*7]

日本語にとって、ヒロシマは、まず第一に広島という街を指すわけだし、フクシマも福島を指している。ところが、これらの街がフランスで話題になるとき、それは決まって原爆や原発と関わっているのだ。フランス語における「イロシマ」は原爆にたえずとり憑かれているのである。『なつのひかり』に登場するアキヒロ（Akihiro）もミチコ（Michiko）も、名前にh音を挟んでいるせいで、フランス語で発音されるときに、なにかが欠けているような、付加されているような、どこかぎこちない音になる。hの箇所になにかが亡霊のように蠢いているのが感じられるのだ。

このように考えるならば、第三世代に属するフランス人監督が、日本の広島原爆について、亡霊を以て問い直そうとするのは、ごく自然なことのように思えてくる。ジャン＝ガブリエル・ペリオは全編を広島で撮影し、登場人物をすべて日本人にして撮っている。フランスからやってくるのも「ヒロシマ」と発音できる日本人なのだ。そうすることによって、日本人にとっての「広島」や「ヒロシマ」が、フランス語環境の観者には「イロシマ」としてしか感知されていないという、消えたh音の再現前化がなされているのである。

死者の弔う亡霊の方法

フランス語におけるヒロシマが原爆の記憶を憑在論的に保持する音だとして、『なつのひかり』がヒロシマを想うために、亡霊を現前させたことの意味はどこにあるのだろう。惨事の記憶は、歴史としても、あるいは実在としてもこの世に漂っている亡霊なのだ。このことをクリスチャン・ボルタンスキーの作品をとおして考えてみたい。

ユダヤ系ロシア人の血を引く父親を持ち、ホロコーストのサバイバーの歴史とともに幼少期を過ごしたボルタンスキーの作品は、ショアー（ホロコースト）[*8]の記憶を喚起させるものが多いが、二〇一二年開催の「大地の芸術祭　越後妻有アートトリエンナーレ」に出品されたクリスチャ

＊7　Ryoko Sekiguchi, *Ce n'est pas un hasard: Chronique japonaise*, P.O.L., 2011, pp.100-101.

ン・ボルタンスキー《No Man's Land》は、震災後の日本の観者にとっては、震災を表現した作品にみえたはずである。もともと二〇一〇年にパリのグラン・パレで《Personnes》として発表されたこの作品は、巨大な衣類の山にクレーンが手をつっこみ、衣服をランダムにつまみ出しては落下させるインスタレーションで、パリでの開催では明らかにショアーを意味するものだったろう。ナチスの強制収容所の虐殺の考えるためのショアー博物館には、多くの場合、ガス室に送られた人々の靴の山、捨て去られた大量のメガネが山積みにされていたり、あるいはまた何人もの犠牲者のモノクロの顔写真が展示されていたりすることを知っているはずだからだ。ボルタンスキー作品における山と積まれた古着は、かつてそれを着ていた人の身体の痕跡である。それらが大量に積み上がっているとなれば、大量死の記憶に否応なく結びつく。

この作品を二〇一二年に越後妻有で展示したとき、観者は直ちに直近の日本の大量死の記憶を思い起こしただろう。少なくとも私は、衣類の山を津波が引いたあとの瓦礫のイメージとして理解し、衣類の持ち主は津波の死者として想像していた。[*9] 震災後の日本の文脈において、衣類という身体の痕跡は、強制収容所での虐殺の歴史とは切り離されて、むしろ着古した衣服の普遍的な意味に還元され、亡霊的にその人々を場に存在させる死者のイメージとなっていたのである。

この亡霊的な顕現のイメージは、二〇一六年九月二二日から一二月二五日に、東京都庭園美術館で開催された「アニミタス――さざめく亡霊たち」展でより鮮明になった。同展覧会に際して、東京都庭園美術館のキュレーター、田中雅子が行ったインタビューによると、[*10] ボルタンスキーにとって亡霊（fantôme）とは必ずしも具体的な死者の現われを意味しているわけではない。現在、生きているものたちの中に宿っている死者の影を亡霊と呼んでいるのだ。ボルタンスキーはそれを顔の特徴として、鼻が祖父に似ていたり、目が曾祖父に似ていたりすることとして説明している。たしかに、私たちが用いる言語が、すべて過去に生きた人々が使ったものを手渡され、再利用しているに過ぎないように、私たちの肉体もまた、親から、そしてずっと上の世代の先祖から受け継いだものからできている。生きている者のうちに、過去の死者は現存しているというわけだ。

しかしそうした先人の記憶は、せいぜい三世代までしか記憶されないのだとボルタンスキーは述べている。彼の祖母のことを記憶しているのは、いまやボルタンスキー一人であり、それも自身が亡くなれば失われてしまうという。そのように言及することで、ボルタンスキーがこだわるのは、アノニマスな死者たちではなくて、その死者たちを記憶している個人によって名のある者として思い起こされることなのである。死者を弔う行為は、つねに死者を記憶している者によっ

＊8 英語や日本語では、ナチスドイツによるユダヤ人の虐殺を一般に「ホロコースト」と表現するが、フランス語ではショアーが一般的であり、ボルタンスキー自身も「ショアー」という語を用いているので、ここではそれに従った。

＊9 田中雅子もまたこの作品について次のように述べている。「例えばこの作品を観てホロコーストのことを連想した人がいたとして、今日、別の人が同じ作品を観て津波が全てをさらった後の光景を、あるいは全く別の廃墟をその眼差しに重ねるということが起こりうるだろう」(『クリスチャン・ボルタンスキー　アニミタス——さざめく亡霊たち』パイインターナショナル、二〇一七年、一一二頁)。

＊10 http://www.teien-art-museum.ne.jp/exhibition/160922-1225_boltanski.html

て行われる。したがって、ボルタンスキーの作品に顕われる亡霊とは、死者を弔うこととつながっているのだ。とはいえ、記憶の想起は親類関係でつながっていることによってのみ行われるわけではない。というのも、ボルタンスキーの作品がときにショアーの記憶を喚起し、別な文脈では東日本大震災を思わせたということ自体は、親類的関係によって成り立っているわけではないからだ。つまり、そのような親類的関係を踏み台にして、あらゆる死者を想うために向かっているというのが、彼の作品の特徴なのだ。

二〇一六年の東京都庭園美術館の展覧会に際して、ボルタンスキーは津波の被災地と帰還困難区域を訪れて、震災をテーマとした作品をつくろうと考えたが、まだ記憶が生々しくて早すぎると日本人に言われて断念したと語っている。早すぎると反対した人は、おそらく、その作品が被災者のトラウマを刺激することを懸念したのだろう。

マーガレット・アイバーセン『写真、痕跡、トラウマ』[*11]によると、ヨーロッパにおいてホロコーストをめぐる作品は、震災後の作品と同じような意味で、トラウマを刺激するものとして、作家が良心の呵責と折り合いをつけるのが難しいものとされてきた。[*12]このことをマーガレット・アイバーセンは、ピーター・ウェイベルのことばを引いて説明している。

二〇〇九年一月二五日から四月一九日にロスアンジェルスカントリー美術館での開催を皮切りに、ニュンベルグ、ベルリンと巡回した「二つのドイツの美術——冷戦文化」展の図録に寄せた「抑圧と表象——戦後ドイツ美術におけるRAF」という論で、ウェイベルは、二〇世紀のトラウマと記憶の概念は、ホロコーストの歴史の影響下にあり、戦後ドイツはホロコーストのトラウマと深く関わっており、それは美術においても同様であると述べている。ここでウェイベルは主に七〇年代以降、西ドイツで活動していた過激派組織、赤軍派（ＲＡＦ）に関わる美術について考察しようとしているのだが、まず問われているのが、ホロコーストの記憶の問題である。トラウマや暴力の経験を、人々を楽しませるためにつくられたハリウッド映画における暴力イメージのように、劇的な娯楽にしたり、美化したりすることなく表象できるのかということなのである。トラウマというのは、それを抱えた人が表出できない経験について言うのであって、そもそもトラウマ表象というのは不可能なのだ。あるいは、トラウマは記憶から封印されているものであって、それを刺激し、呼び起こすことの是非も問われることになるだろう。アイバーゼンが引くのはウェイベルの次のことばだ。

したがってそのように定義されていて、そもそも根本的に表象不可能なものを、トラウマ的な経験やその経験のもととなったこと、邪悪、恐怖を否定することなしに、陳腐化したり、と

＊11　Margaret Iversen, *Photography, Trace and Trauma*, Chicago and London: The University of Chicago Press, 2017.

＊12　二〇一七年一月一九日から当初の一〇月末の会期をさらに延ばして、二〇一八年一月七日まで、パリのショアーメモリアルで開催された「ショアーとバンド・デシネ」展では、フランスのバンド・デシネと呼ばれるコミック（日本でいう漫画）においてもアウシュヴィッツの虐殺について具体的に描くのは戦後長くタブーであり、一九八六年のアート・スピーゲルマン『マウス（Maus）』が記憶、トラウマ、世代の断絶を表現する画期となったとしている。（Assaf Gamzou, "La mémoire visualisée: discours de la Shoah et bande dessinée," *Shoah et Bande Dessinée: L'image au service de la memoire*, Denoel & Mémorial de la Shoah, 2017, p.7.）

るにたらないものや見世物にしたりすることなしに、そして再び抑圧してしまうことなしに、いったいどのように表現できるだろう。*13

表象は、英語でrepresentationなのだから、それは、再び、現前させることという、再現前の意味を持つ。トラウマをありありと眼前にあらわすことができるのかという問いだと考えればわかりやすい。ここでアイバーゼンが問題にするのは、写真を用いたアート作品である。写真という媒体は、生存者の証言と同じように、現実の存在であるかのような錯覚を呼び起こしやすい。アイバーゼンは、ゲルハルト・リヒターとクリスチャン・ボルタンスキーの作品をとりあげて、写真の直接性を否定しようとする。リヒターの写真のうち、アビ・ヴァールブルグのムネモシュネの影響下につくられた「アトラス」を取り上げて、リヒター作品における写真とは事実を指し示す媒体ではなく、指示対象との関係を脱構築しているものだと指摘する。

リヒターが観者の解釈に写真の指示性の有無を委ねているのに対して、ボルタンスキーの写真の扱いはより戦略的だ。ボルタンスキーはカトリーヌ・グルニエによるインタビューで、自身の《モニュメント》という作品の捩れを説明している。《モニュメント》は、モノクロの子どもの顔写真の周りに電灯をつけて飾ったもので、まるで蝋燭で照らされた祭壇の写真のようにみえる作品だが、ニューヨークで行われた「暗闇のレッスン（Lessons of Darkness）」展で、これを展示したとき、観者は、虐殺されたユダヤ人の子どもたちの写真だと受け取ったようだ。ところが、その写真はディジョンの子どもたちや彼が教えていたパリの七区にある学校のクラスの子どもたちで、ユダヤ人でさえなかったというのである。[*14]

アイバーゼンが引く一九八九年のイレーヌ・ボルジェによるインタビューで、ボルタンスキーは、「観者はホロコーストに由来するものを使っていると知れば、それ以外のことを考えられなくなってしまう」として、「それはナチについての作品だけれど、同時に私たちについての作品でもある」と感じてもらうために、あえてディジョンの子どもたちの写真をつかって「暗闇のレッスン」展をつくったと語っている。[*15]

写真というドキュメントらしいメディアが使われていようとも、それはナチスの暴虐のドキュメントではない。しかし観者は、白黒写真の子どもたちの顔に光が当てられたインスタレーションをみて、ショアーを思い起こすのだ。写真の指示するものと虐殺は結ばれないが、写真は消失したイメージと結ばれている。ボルタンスキーが説明するように、子どもたちはいまも生きているけれども、すっかり成長して、写真に切り取られた顔はすでにこの世から失われているのである。写真は、その意味でいつも失われたものを映している。人間の身体を写せば、刻一刻と老いていく身体の過去を記録するからだ。つまり写真という媒体は、つねに亡霊的な存在なのだ。ボ

＊13 Peter Weibel, "Repression and Representation: The RAF in German Postwar Art," Stephanie Barron and Sabine Eckman ed., *Art of Two Germanys: Cold War Cultures*, New York: Abrams, 2009, p.257.
＊14 Christian Boltanski, Catherine Grenier, *La vie possible de Christian Boltanski*, Paris:Seuil, 2007, p.146.
＊15 Margaret Iversen, *Photography, Trace and* Trauma, Chicago and London: The University of Chicago Press, 2007, p.98. インタビュー記事はインターネットで読むことができる。http://bombmagazine.org/article/1148/christian-boltanski

ルタンスキーの作品が、死者を思い起こす手段として、この世に実在するものを媒介とするのは、そうした喪失の中から、すべての人間の死にゆく生（mortality）について思考することを問うているからだ。

田中雅子が行ったインタビューによれば、ボルタンスキーは、ヨーロッパの文脈におけるショアーという大量虐殺の死者たちが、二〇一一年以降の日本の文脈で東日本大震災と結ばれて読み取られることを歓迎している。作品を完成するのは、あくまでも鑑賞者であって、作品の解釈は自由だからだという理由だ。ホロコーストが東日本大震災に置換され得るのなら、その逆も可能なはずだ。東日本大震災をめぐる作品が、ホロコーストを考える契機となることもあり得る。その意味で、私たちの現在にとり憑く亡霊たちは、ときにホロコーストの、ときに原爆の、ときに震災の記憶を喚起する歴史の痕跡なのであって、亡霊の呼びかけに応えるのは、どこに住んでいようがすでに世界の歴史を刻まれている現在に生きる私たちなのである。

第五章　震災後文学の憑在論（hauntology）

はじめに

二〇一一年三月の東日本大震災のあとに書かれた、震災後文学の一つの特徴として、死者が登場人物あるいは語り手となって現れ、自らの死について語る物語がある。たとえば、いとうせいこう『想像ラジオ』（河出書房新社、二〇一三年）[*1]は、津波に流されて高い杉の木の上に引っかかったままになっている死者、ＤＪアークがラジオ放送をし、それを聞くリスナーたちも皆、死者だという設定であった。ただしそのラジオ放送は、ごく一部の生きている人間たちの耳にも届いていて、震災後を生きる私たちに何かを告げようとしているのである。

あるいは岡田利規率いる劇団「チェルフィッチュ」は震災の影響を色濃く刻んだ『現在地』（二〇一二年）につづき、『地面と床』（二〇一三年）を上演し、死んだ母親の幽霊を舞台に登場させ、

＊1　初出は『文藝』二〇一三年春号。のちに、いとうせいこう『想像ラジオ』（河出文庫、二〇一五年）。

その姿が見えてしまう長男の妻と対話をする場面をつくりだした。ここに描かれる死者たちは声だけの存在にしろ、姿を現すにしろ、いずれも生きている人間の現在に顕現するのである。また、そこにあらわされた死者たちはこの世からすでに消えてしまった者として描かれているわけではない。むしろ、生者の世界をかき乱すようにして、生へと割り入ってくる者としてあらわされている。別の言い方をするなら、過去の時間に属するはずの死者たちが、現在に突如、挿し入るようにして存在を現すのである。つまりここでの死者は、過去という終わった時制からの回帰(revenant)としてではなくて、過去からひきつづき現在時に存在し続けている状態として描かれている。死者が、過ぎ去った時制にとどまっているのではなく、ずっと私たちの現在にはりついていたのだということ、そのことをあらためて気づかせるような仕方で、物語の現在に死者が取り戻されているのである。ここでは震災後文学に明らかに特徴的な死者の在り方を考えるために、憑在論(hauntology)という批評概念をとっかかりとしてみていきたい。

「喪とメランコリー」批判としての憑在論

憑在論(hauntology)ということばは、ジャック・デリダが『マルクスの亡霊たち——負債状況=国家、喪の作業、新しいインターナショナル』(一九九三年)でつくりだした学術用語である。この語は、英語の憑依する(haunt)《ホーント》と存在論(ontology)《オントロジー》とを合わせた造語だが、フランス語ではhの音を発音しないので、耳には「存在論《オントロジー》」としか聞こえてこない。それなのに、無音のhがそこにあることで、たしかに何かがとり憑いている（haunting）ことを表現する絶妙の用語である（フランス語では hantologie）。

デリダのいう「亡霊（spectres）」は、マルクスの『共産党宣言』の冒頭、「亡霊がヨーロッパに取り憑いている――共産主義の亡霊が」から引き出されている。デリダは「すべては亡霊の出現からはじまる」とし、この「亡霊」を考えるために「憑在論」という造語を生み出していった。そもそもなぜ「亡霊」について考える必要があるのかといえば、「生きること」を考えるためだという。

> それをやり残したというのならば、それ、すなわち生きることを学ぶ＝教えることは、生と死との境でしか起こりえない。それは、生**のみ**のなかでも、死**のみ**のなかでも、いずれかのなかだけでは、起こりえない。二者のあいだで、そして人が望みうるあらゆる「二者」のあいだで起こることとは、生死の境で起こることのように何らかの幽霊によってしか**維持される**ことはできず、また何らかの幽霊を**語る**ことしかできない。したがって、精神＝霊たち［les esprits］のことを学ばなければ＝教えなければならないだろう。（略）そして、この亡霊との共在はまた、〈単に〉そうだというわけではないが、記憶の、相続の、世代《ジェネラシオン》＝生殖の**政治学**〈でも〉あることになるだろう。
>
> （ジャック・デリダ（増田一夫訳）『マルクスの亡霊たち』藤原書店、二〇〇七年、一二～三頁）

むろんここでデリダは資本主義社会下における共産主義の亡霊について考えようとしているのだから、生者と死者のあいだに「幽霊」をおき、生について考えようとするという理解は単純すぎるだろう。しかし、死に追いやり、過去に葬り去ったと思い込んでいるものが、現在に「亡霊」「幽霊」としてたしかに存在しているということを考えようとして、デリダが「憑在論」という語を提示する過程は、いま震災後文学に現れる霊の問題を考える上でおおいに参考になる。というのも、デリダの憑在論は、フロイトの「喪とメランコリー」論を批判する批評概念として用いられているからだ。多くの死に直面した震災後の物語をみるのに、フロイトのいう「喪とメランコリー」論ではまったくお話にならないという一点においても憑在論に依拠する価値はある。

デリダの憑在論は、イギリスの批評家、マーク・フィッシャーが文化研究への応用の道を開いた。[*2] マーク・フィッシャーは、デリダがいう hunting（亡霊）とは、失敗した喪の作業から成るとして、その状態を憑在論的メランコリア（hauntological melancholia）と名づけている。マーク・フィッシャーの目論見は、現代文化を説明することにあって、とりわけ二一世紀の音楽シーンが二〇世紀のモダニティにとり憑かれていることを示すための用語だから、死者と亡霊の関係をいうためにあるわけではない。さしあたって確認しておきたいのは、「憑在論的メランコリー」は、ウェンディ・ブラウンの「左翼メランコリー」やポール・ギルロイの「ポストコロニアル・メランコリア」と区別するものとして位置づけられていて、消え去った過去の、現在への憑在の状態をいうのであって、彼のいうメランコリーは快癒をめざしてはいないということだ。デリダにしろ、マーク・フィッシャーにしろ、憑在論や亡霊は、現在にとり憑く過去の比喩なのだが、震災後文学における憑在論を考えるにあたって、ここではそれを再び比喩から解き戻して、物語に顕れる亡霊の問題を時制の問題としてとらえ返す手立てとする。

フロイトの有名な「喪とメランコリー」によれば、愛するものの喪失ののち、喪の作業に失敗すると、自己非難に陥った抑うつ状態（メランコリー）となる。したがってメランコリーは解決すべき病的な症例ということになる。しかし愛するものを失っても一定の哀しみの期間をへれば、人は軽々と次の愛情を向けるべき対象へと向かえるというわけではない。だからデリダは、ニコラ・アブラハム／マリア・トロークによる『狼男の言語標本——埋葬語法の精神分析』の序文として寄せた「Fors」（一九七九年）において、正常な喪の作業としての体内化の過程、つまり死者をみずからのうちに取り込むことを拒否し、他者を他者のままに、生きている死者としてそれを守るためのクリプトを持ちつづけること、そうした病的な喪を積極的に評価している。つまり、失った大切な人を自分の歴史の一ページとして過去へ送り込んでしまうことなしに、心にずっと冷たい墓石を抱え込んだ状態でいつづけることを提案しているのだ。クリプトはキリスト教の教会の地下などにあって、聖人や教会にゆかりの人々の埋葬されている場所だ。心のなかにクリプトを抱えるということは、普段は意識にのぼらないものの、他者の肉体がいつ甦るともしれないかたちで自己の体内に埋葬されているイメージだろう。自己のなかにけっして溶け込まない堅い石棺に覆われて。正常な喪の作業は、他者を自己のなかに体内化して溶かし込んでしまうことに

＊2　Mark Fisher, *Ghosts of My Life: Writings on Depression, Hauntology and Lost Futures*, UK: Zero Books, 2014.

あるのだから、これは喪の作業の失敗だ。
しかし、誰もが喪の作業をさっさと完遂して、すぐにもいきいきとした日常を取り戻したいと願うわけではないのである。たとえばミシェル・ドゥギーは、『尽き果てることのなきものへ――喪をめぐる省察』（一九九五年）というエッセーにおいて、一九九四年に亡くした妻の、正常な喪の作業の徹底した拒絶をつづっている。

もうじき、涙に代わって深いため息がやってくるだろう。思い出を、戻り来る亡霊を、呼び出すと同時に追い出して。元の親族が「なにもかもやってしまい」、きみの名を口にすることすらなく、思い出のかけらを話題にしても、ひたすら記憶の喪失のなかに没入し、忘却の河レテをせきたてるためならなんでもするのを、ぼくは望んでいない。
（ミシェル・ドゥギー（梅木達郎訳）『尽き果てることのなきものへ』松籟社、二〇〇〇年、二〇頁）

妻の死から数週間後、再び「ぼくに必要なのは「考えをかえ」ないようにすることだ、距離を増やさないこと」だとつづり、喪の作業の完遂によって、妻を忘却し、過去のものとして葬り去ることとへの抵抗はつづく。「わたくしたちの時代では死んだ人間は追い出される、ぼくが思っていた以上に完全に排除され」るとするドゥギーにとって、喪の作業とは「喪の手品」であり、「消滅させられ、死者は消え失せてしまう、生存しあう仲間に抹消されて」しまうことに他ならない。「死者が消え、死者が消滅する」とは、死者を再び死に追いやることである。ドゥギーは亡くなった妻をいま再び、死に至らせるわけにはいかないと考えるのである。

大切な人の死を過去に追いやってしまうことなく、現在に保持しつづけたいとするのは、関口涼子「声は現れる」(『文學界』二〇一七年三月号)[*3]にも共通する。関口は、現在に生きる者にふと到来する死者の声について考察し、声はつねに現在形で現れると述べている。すでにその声の持ち主もそのとき震わせた声帯もこの世のものではなくなったあとで、死者の声が、たとえば録音として再生されたとき、その語りは過去の再現ではなく、たったいま話しかけられているかのように感じられ、受け手の「現在」に属するものとなるのだという。肉体の不在に対してなおも残り続ける声——というより、声にはそれが発せられた身体が宿っている——は、その意味で「亡霊(fantômes)」と通じると関口は言う。「亡霊が行き来する。二つの時制の間を、彼ら自身も、現在なのか過去なのかを知らないまま」。そのようにして亡霊は「時制をかき乱す」。「声は現れる」の最後は次のように閉じられる。

声は常に現在であり続ける。声は死を知らない。
声が存在するかぎりは。
もう、ここにいない人の、部分的で容赦ない現れ。
その人の生の後には、空気が揺れ続けている。

*3 フランス語版は、Ryoko Sekiguchi, *La Voix sombre*, P.O.L,2015.

（関口涼子「声は現れる」『文學界』二〇一七年三月号、一九八頁）

こうした声の現在への現れは、正常な喪の作業をあえて挫折させることによる憑在論的メランコリー（hauntological melancholy）のうちに召喚される。つまり声は亡霊的に現在に存在するのである。こうした完全に死者として葬り去られない生きている死者という考えのうちにこそ、亡霊の立ち現れる余地ができる。

デリダは『マルクスの亡霊たち』において、シェイクスピア『ハムレット』冒頭の亡霊の出現シーンにふれて、「この憑き物＝強迫観念〔hantise〕はたしかに歴史的なものではあるが、それは**日付を持つ**ことがなく、一日そして次の日というふうにカレンダーが示す制度化された秩序にしたがって、数々の現在がなす連鎖のなかで素直に日付を確定されることはない」と指摘している。さらに、デリダが《Time is out of joint.》（時間の蝶番がはずれてしまった）というセリフについてかなり念入りに分析していることを考え合わせると、関口涼子がいう、亡霊は「時制をかき乱す」という指摘は、憑在論的（hauntological）な在り方と重なり合う。

震災後文学において、死者との交信は、過去を追想するためにあるのではなく、現在に関わるものとして構想されている。いとうせいこう『想像ラジオ』第四章では、東北にボランティアにでかけたSが震災の前に亡くした不倫関係にあった恋人と書くことをとおして語り合う。Sはいう。

「亡くなった人はこの世にいない。すぐに忘れて自分の人生を生きるべきだ。まったくそうだ。いつまでもとらわれていたら生き残った人の時間も奪われてしまう。でも、本当にそれだけが正しい道だろうか。亡くなった人の声に時間をかけて耳を傾けて悲しんで悼んで、同時に少しずつ前に歩くんじゃないのか。死者と共に」

（いとうせいこう『想像ラジオ』河出書房新社、一三二〜三頁）

Sは亡くした恋人の声を聴き続けたいと願っている。その恋人の声は、ただのSの自問自答として想像されているものではない。死者の世界と通じ合っているのである。というのもSは「生き残った人の思い出もまた、死者がいなければ成立しない。だって誰も亡くなっていなければ、あの人が今生きていればなあなんて思わないわけで。つまり生者と死者は持ちつ持たれつなんだよ。決して一方的な関係じゃない。どちらかだけがあるんじゃなくて、ふたつでひとつなんだ」と考えているからだ。この死者とともにある世界観は、日本文学史においては謡曲に連なる系譜にある。『想像ラジオ』において、想像ラジオを聴いている者たちは、みな「魂魄《こんぱく》この世にとどまりて」といった具合に、「思い残すことがあって、魂魄があの世へ向かえない」状態にあるのだと登場人物に言わせている。この状態は夢幻能にくり返し表現されてきたものに通い合う。

岡田利規は『地面と床』について「能のスタイルを、ある程度参照しています。『地面と床』には幽霊が出てくる、とはすでに述べましたが、能が幽霊によって演じられる演劇であるというのは、みなさんもご存じの通りです」と解説しており、舞台も能舞台を思わせる白木の板を敷いた簡素なつくりであった。岡田は演出として、舞台わきの、観客からは見えない位置に鏡を置いた。役者はときどき鏡を見ながら体を動かすのだが、観客にはそれが鏡をみているときのしぐさだとは知らされていない。したがって役者が鏡を見つめるとき、観客は何かこの世ならぬものをじっと凝視しているかのような姿を見ることになる。そのようにして霊的存在の出現が役者の視線に表現されてもいたのだ。

能のうち、とくに世阿弥が完成させたといわれる夢幻能というジャンルに幽霊がでてくることはよく知られているが、いとうせいこうも岡田利規も極めて意識的に能の伝統に遡って作品にいかしている。とすると、震災後文学における幽霊の問題を考えるにあたって、日本文学における憑在論は、能から立ち上げなおす必要があるだろう。日本古典文学研究では、高木信が謡曲を用いて亡霊論を展開してきた。高木は、夢幻能にあらわされる霊を、怨霊、祖霊的存在、亡霊とに区別して、亡霊とは「時空を混乱させ、テクストに潜勢的にある死者」と説明している。[*4]

以下にあらためて、能のなかで幽霊はいったいどのように描かれているのかを確認しておこう。

舞台の上の幽霊たち

能は役者の演じる舞台芸術なので、幽霊は常に人間の姿で眼前に現れ出ることになる。夢幻能の多くは、旅人（ワキ）がある土地にたどり着き、土地の者（シテ）にであい話をきく前場《まえば》のあと、いったん土地の者（シテ）が中入りで去って、後場《のちば》に再び登場すると本来の姿を明かし、語る、あるいは舞うといった構成をとる。

後場での霊との邂逅は「当麻」のように「唯今夢中に顕れたるは、中将姫の精魂なり」として夢のなかでの出来事とする場合もあるが、多くの場合、死者が現前に現れるかたちをとる。

たとえば「朝長」は平治の乱で自害した朝長を弔うためにゆかりの僧が跡を訪ね、朝長の幽霊に出会う話だ。朝長の最期の様子を聞いた僧は読経する。すると夜の灯りにおぼろに朝長の影が立ち上がるのである。

ワキ：〽不思議やな観音懺法声澄みて、燈《ともしび》の影幽かなるに、まさしく見れば朝長の、影のごとくに見え給ふは、もしも夢か幻か
シテ：〽本より夢幻の仮の世なり、その疑ひを止め給ひて、猶々御法を講じ給へ
ワキ：〽げにげにかやうにまみえ給ふも、ひとへに法の力ぞと、思ひの珠の数繰りて
シテ：〽声を力にたより来るは
ワキ：〽真の姿か
シテ：〽幻かと
ワキ：〽見えつ

＊4　高木信「亡霊の時間《とき》／亡霊の和歌《ウタ》、あるいはインターテクスチュアリティのなかの『義経記』――未来の〈記憶〉／未来から来訪する〈亡霊〉」『日本文学からの批評理論――亡霊・想起・記憶』笠間書院　二〇一四年。

シテ：〽隠れつ
ワキ：〽面影の。

僧（ワキ）は「夢か幻か」と言いはするものの、一方で「真の姿か」、「見えつ」、「面影の」というのであって、朝長出現に際して、それをただの僧侶の夢中の幻想としてしまうことはなく、たしかにこの世に姿を現したということを手放さない。ここで朝長が肉体を伴って現世に現れた理由は、朝長によれば「魂《こん》は善所に赴けども、魄《はく》は、修羅道に残って、暫し苦みを受くるなり」というわけである。魂魄は、それぞれ霊であるが、精神と肉体で分ければ魄のほうが肉体を司るものとされているのだから、魄が迷えば肉体をともなった幽霊がこの世に出現することになる。あるいは、「実盛」のように、自ら「幽霊」であることを名乗る例もある。遊行上人（ワキ）と実盛（シテ）の問答は率直だ。

ワキ：〽不思議やさては実盛の、昔を聞きつる物語、人の上ぞと思ひしに、身のうへなりける不思議さよ、
「さてはおことは実盛の、其の幽霊にてましますか
シテ：「われ実盛が幽霊なるが、魂は冥途にありながら、魄はこの世に留まりて

二百年も前の昔の物語内の人物だと思っていた実盛が、現在に顕れる。それは「魂は冥途にあ

りながら、魄はこの世に留ま」っているためである。ただし、ここでは問答をする遊行上人にのみ実盛の姿が見えていて、他の者には上人がただ独り言を言っているように見えているということになっている。あらゆる能に組み込まれている、この名乗りさせる問答は、おそらく鎮魂に必須の儀式である。アノニマスな死者ではなく具体的な個人を名指した物語として聞くことがなにより重要なことと考えられているからだ。

いずれにしろ重要なのは、幽霊の語る話にあるのであって、霊の出現それ自体はとりたてて驚くべきこととしては描かれていない。幽霊の出現が物語における主要な事件ではないのだとすると、わざわざ「幽霊」だといわなければならないわけでもないということになる。だから霊であるはずのもの（シテ）が、幽霊とは明示されずに現れる例もでてくる。「幽霊」といわない場合に、過去に属するはずの人物なのに、それが現世に現れ出ているのだという時制の破れがより鮮明になる。

たとえば、「呉服」は、昔、応神天皇代に呉国から遣わされた機織りの女二人の出現を語る。ここで目撃者である旅の廷臣（ワキ）は、応神天皇の昔の呉服漢織《くれはとりあやはとり》が「現《うつ》に顕れきた」のだと知っても、「不思議の事を聞くものかな」とは思いはするものの、それを「幽霊」だとは考えていない。中入りののち、この二人の織姫が神としてお告げを授けることになるのだが、考えてみれば、中世社会に信じられた神の顕現というのは、常に現在時に起こることであって、過去の到来ではなかった。日本の神は、たとえば大宰府左遷ののち神となった菅原道真に典型的であるように、過去に実在の人間が死後に神となる場合が少なくない。菅原道真という実在の人物はすでに死んでいるが、天満宮に祀られた道真は現在に神として生きているのである。過去に実在のその人は、現在に神として生き続け、ときに人前に姿を現しもするということになる。死者についてそのように考える仕方があるならば、幽霊もまた、過去からやってくるものというよりは現在での顕現こそが重要だということになる。

能において興味深いことは、過去の死者たちは、縁故のあった者の前に姿を現すわけではないことだ。旅の僧など、どちらかというと通りすがりにたまさか行き遭った者に語るのである。

このように考えるとき、震災後に東北地方で報告されている幽霊譚もまた能の伝統にのっとって語られていることに気づかされる。工藤優花さんが東北学院大学の卒業論文「死者たちが通う街――タクシードライバーの幽霊現象」(『呼び覚まされる霊性の震災学』新曜社、二〇一六年)で報告する、石巻のタクシードライバーの経験した幽霊現象は、どれもドライバーという、まるで旅人のように移動しつづける人が、自らには縁故のない幽霊と行き遭っているケースだ。報告されている事例は、たとえば、夏場に真冬のかっこうをした女子が、津波でなにもなくなった南浜へ行ってほしいという。あそこはもうほとんど更地だと答えると、「私は死んだのですか?」と震えた声で言ったという。後部座席をみると、そこにはもう誰もいなかったという話などだ。

『河北新報』が連載していた「挽歌の宛先　祈りと震災」にも幽霊現象は報告されているし、東北地方各地に、イタコ(青森、秋田、岩手)、オガミサマ(宮城、岩手)、オナカマ(山形)、ミコサマ(福島)と存在する口寄せ巫女に亡くなった家族を降ろしてもらう人も多くあるという。*5 口寄せ巫女に降ろしてもらうのは、行方不明のままの家族の居所を知るためでもあったようだ。だからそれは死者の霊を降ろすというよりも、現世にまだあり、行き遭うことのできない人を探すような気持ちでもあるだろう。それは死者としてあちら側へ送り込んでしまう前のあわいを探る試みでもあったはずだ。あるいは奥野修司『魂でもいいから、そばにいて――3・11後の霊体験を聞く』（新潮社、二〇一七年）にも被災者の霊体験として、死者が生者の現在に現れる体験がさまざまに報告されている。

震災後に書かれた作品には、死者が自らの死を認めることができずにもがき苦しむ姿を描くものがあった。いとうせいこう『想像ラジオ』でもＤＪアークは自らの最期を覚えてはおらず、それを目撃していた別の死者に聞かされてはじめて何が起こったかを理解するのであった。ＤＪアークが死にきれずにラジオを流し続けているのは、妻と息子の行方が知れないままになっているからだった。生者が行方不明となったままの家族を探すために口寄せ巫女に依頼するように、ＤＪアークは死者たちのネットワークに妻子の行方を探ろうとするのである。

こうした死者が死を理解し受け入れるまでを描いた小説に、彩瀬まる『やがて海へと届く』（講談社、二〇一六年）がある。

＊5　河北新報社編集局『挽歌の宛先――祈りと震災』公人の友社、二〇一六年。他に津波の被災地を取材したリチャード・ロイド・ペリー『津波の幽霊』にも多くの霊体験が報告されている。（Richard Lloyd Parry, *Ghosts of the Tsunami*, London: Jonathan Cape, 2017.）

彩瀬まる『やがて海へと届く』は、震災当時東北を旅行していて戻ってこなかった親友のすみれの死を三年たっても受け入れることができずにいる湖谷真奈の視点で描かれるパートとすみれ自身の視点で描かれるパートが交互にあらわれる構成をとっている。真奈のサバイバーズ・ギルト（生き残った者が感じる罪悪感）と死者となったすみれの悲嘆とがときに共鳴しあいながら語られていくのである。これまでにサバイバーズ・ギルトを語る小説はいくつも書かれてきた。原爆小説にも戦争小説にも、あるいはまた9・11を描く小説にも共通して現れるテーマであった。しかし、死者が語り、自らの死を嘆く小説は、震災後文学に特異に現れたテーマだといえる。彩瀬まる『やがて海へと届く』はその意味で、これまでの災厄をめぐる小説と3・11の小説との両方のテーマを結び合わせて描いてみせた希有な作品である。

すみれの母親は遺体なきままで早々に娘の死亡手続きを行い、震災の日を命日として墓参りもしているが、湖谷真奈はそれを不満に思っている。まだすみれが帰ってくると信じたいし、すみれも帰ってきたいに違いないと思うからだ。すみれが母親と折り合いが悪かったことを知っている真奈にとって、母親は「自分にとって都合がいい娘の像を頭の中に作って」いるようにしかみえないし、「あれこれ勝手に解釈しないで、生きているときと同じように注意して扱うのがすみれに対して一番誠実」だと思っている。この真奈の考えは、デリダが「Fors」で述べた、正常な喪の作業における体内化の過程を拒否し、「他者を私の中に他者（死せる生者＝生ける死者）として保持」しようとするのに似ている。真奈はフロイトのいうようなメランコリー状態にあるわけではない。むしろ、すみれの存在を常に感じようとしつづける、いわば憑在論的メランコリーのなかにいるのである。

三年後のある日、すみれの恋人だった遠野くんが、すみれのものを処分するからほしいものを選んでほしいと言ってきた。とっさに「すみれが帰ってきたときに困るよ、悲しがるよ。まだわからないし」と思うが口にはしない。三年たったのだから、葬式もしたのだから、それは当たり前だと理解しつつも、受け入れることができず、心のなかで自問する。「どうしてだろう。どうして、断ち切るような明快さで流れ去ってはくれないのだろう。（略）どうしてもどうしても、また会いたいと願ってしまう」。

さて、死んだすみれの視点で語られるパートは次のように語りだされる。ただしすみれのパートは、語り手自身、自分になにがあったのか、自分はだれだったのかを忘れているので、それがすみれによる語りだとはすぐには明らかにはならない。

葡萄色をした夜の紗幕《しゃまく》が一枚、また一枚と剝がれ落ち、東の空に輝きが差した。冷えた水のような朝の日射しが開いた目へ流れ込み、頭蓋骨の空洞をすみずみまで満たし、あふれ、耳や口などの開口部から全身へ広がる。そういえば私の顔は、体は、こんなかたちだったな、と思い出す。風が吹くたび、周囲に生い茂った草がさらさらと鳴る。地中を流れるひそやかな水音が聞こえる。

「バスは来ないよ」
声に気がついて顔を向けると、どこかで見た覚えのある老婆がそばに立っていた。毛玉だらけのカーディガンにスウェットのズボンという、まるで家の居間から出てきたばかりのような格好で、曲がった腰を押さえている。ゴム製のサンダルからのぞく靴下は、やけに目に残るラベンダー色だった。(略)
「でも、帰らなきゃならなくて」
(彩瀬まる『やがて海へと届く』二八〜九頁)

一見、ごくふつうの夜明けを描いているようにみえて、あきらかにこの人物(すみれ)は、屋外にいて、しかも草むらに横たわっていることがわかる。すでに白骨化しているのだろう。朝日が頭蓋骨の中まで照らしている。横たわっているから草の音と「地中を流れるひそやかな水音」を聞くことができる。

ここで「バスは来ないよ」と声をかける「老婆」は、彼女の祖母であることが、のちに彼女の母親が真奈に次のように語っていることからわかる。

「おばあちゃんの葬儀のときに、まだ小学生だったすみれが急にムキになって、この靴下をお棺に入れなきゃだめなんだって騒いだの。なんてことない紫色の保温靴下なんだけどね。おばあちゃんは足が冷えて困ってたから、靴下を変えたらいやがるって、白足袋に文句言うのよ」
(『やがて海へと届く』七二頁)

サンダル履きに「ラベンダー色」の靴下をはくその老女を、彼女は「紫色の保温靴下」を履く自分の「おばあちゃん」として思い出すことができない。だからこの老婆に幾度名前を呼びかけられても、「女の子の名前であることはわか」っても、それを聞き取ることができない。「迷ったんだろう。こっちへおいで」と言われて「青い屋根瓦」の「二階建ての大きな民家」に案内されても、彼女は帰らなければと先を急いで出てしまう。別れぎわにこの老婆も死者であることが暗示される。

老婆はそれまでと同じ、腰に手を当てた姿勢で立っている。けれど顔のあったところがぽかりと空いて、代わりに丈《たけ》の短い草花が高い密度で生い茂っていた。目鼻は草に埋もれてまったく見えない。そのくせ、しんと光る一対の目が草の間からこちらを覗いている気がする。目の前にいるのはもう先ほどの老婆ではない。私が背を向けたことで、老婆は老婆であることをやめたのだろう。これは見てはいけないものだ、と本能が叫ぶ。生き物の、肉の殻を剝《は》いだあとの姿だ。薄い吐き気をこらえて口を開いた。

「あなたは誰なの?」

(『やがて海へと届く』三七頁)

彼女は、自分もまた「肉の殻を剝いだあとの姿」をしていることを知らない。だから「薄い吐き気」すら感じて怯えるのである。彼女は、意識の上でまだ死者ではない。だから彼女は、懸命に帰ろうとして歩き出すのである。

第四章にあたる次のすみれのパートで、彼女は恋人の遠野くんとは別の、不倫相手とデートしている。食事を終えて外へ出ると、「駅前は黒い濁流のようだった」。

目元の涼しい男は、庇護を匂わせる強い力で私の手を握った。私もはぐれないよう指先が痺れるほど強く男の手をつかみ、その流れに分け入った。揉みくちゃにされた体が前後左右に引き絞られる。

圧力に負けて、つないだ手があっけなくちぎれた。あ、と思って目を合わせる。男の体が黒い波に呑《の》まれて見えなくなった。消えた。そうだこの人はある日、果物のように私の人生からもぎ取られた。手が軽くなった反動で、ぐるんぐるんと黒い人混みに揉まれて回る。

（『やがて海へと届く』七六頁）

この後、彼女は、「私のことを深く深く愛して、たとえば死後に神様から『特別な誰かを一人選びなさい』って言われたら、真っ先に私を選んでくれる人が欲しい」といった誰かのことばを思い出し、濁流のなかで「しっとりと目元を湿らせる泣きぼくろ」のある男にぶつかる。真奈のパートを読んでいる読者には、「深く深く愛して」くれる人が欲しいと言ったのが真奈で、「泣きぼくろ」の男が遠野くんだとわかるのだが、彼女は「男の名前を呼びたいのだけど、どうしても思い出せない」でいる。

つづく真奈のパートで遠野くんからすみれの遺品をもらい受けた真奈は、帰り際の一瞬、このときのすみれに憑依される。

名前を、呼ばなければいけない気がする。あの男の子の、下の名前はなんだっけ。なんて呼んでいたんだったか。いつも名字で呼んでいるから、とっさに思い出せない。（略）丸みを帯びた車窓の向こう側で、静まりかえった夜の町が川のように流れていく。

「あっちゃん」

飴玉が口からぽろりとこぼれ出たような唐突さで、誰かを呼んだ。声は私のものよりもひんやりとして明るく、呼びかけた相手への甘く苦しい執着が、濡れた蜘蛛の糸のように光っていた。

脈絡のない悲しさが下腹でゆるりと渦を巻く。これはあの子からちぎれて、あの子ではなくなったものだ。麦わら帽子やペンダントやスニーカーと同じだ。そうわかった次の瞬間には、声を出したという記憶ごと、流れ込んだものが体から抜け去った。

（『やがて海へと届く』一〇〇～一頁）

すみれの遺品をみて我にかえるまで何かが体のなかに「流れ込ん」でいた。その何かが、思い出そうとしていた恋人の名前を呼ぶ。その声は「私のものよりひんやりとして明るく、呼びかけた相手への甘く苦しい執着」を帯びた、すみれの声だった。真奈の肉体をとおして、すみれが顕現した瞬間だ。しかし、真奈はすみれの訪れを認知することができない。そうして名を呼んだこと自体、なぜだかすっかり忘れてしまうのだった。
第八章のすみれのパートで、すみれは津波に襲われた瞬間に立ち戻っている。

樹影に紛れてよく見えない。けれど、林の奥で、なにか大きなものが動いている。十メートルほど先の林の下生えから、黒い水が地面を舐めるようにあふれ出していた。なんだろうあれは。油？　そんな馬鹿な。そういえば駅舎にいた金盞花の男が津波警報について口にしていた。でもここは、海岸からそれなりに離れているのではなかったか。数秒も経たないうちに、すぐそばの林からもまっ黒い泥水があふれ出した。びくんと心臓が跳ね上がる。
逃げる、逃げなければ、でも道がない。（略）
だめだ、死ねない。離れたくない。守られていた、すべてのものから引き剝がされる。やっと少しずつ幸せになれたんだ。ここまで来るのにとても長い時間がかかった。死ねない。死ねない。だって、だって――。
（略）どうして誰も教えてくれなかったのだろう。生きることはこんなに脆いことだと、どうして誰も教えてくれなかったのだろう。
帰りたい。いやだ、こわい。足が冷たい水にからめとられる。上体がぐらつき、いつのまにか膝まで水位を上げた波へ前のめりに倒れ込んだ。（略）
私は、帰れない。あの人たちには二度と、二度と、会えない。
うそだ、と強く拒んで目をつむった。（略）

「バスは来ないよ」

(『やがて海へと届く』一二六〜八頁)

彼女は、あきらめていない。死ぬことを受け入れていない。だから、「うそだ、と強く拒」むと、ふたたび「バスは来ないよ」と告げる老婆(祖母)に出逢うところまで引き戻されるのだ。

第十一章の真奈のパートで、職場の上司の自殺という非日常を経て親しくなった国木田さんに誘われて、真奈は国木田さんの実家の民宿に泊まりに来ている。裏山で散歩をしている最中、真奈はすみれの姿を夢うつつのなかで感じる。かつてそうしたように手をつないで二人で山の中を歩いている。「この手を放してはだめだ。よく思い出せないけれど、放したらとてつもない後悔をする」と感じているのに、「やがて横手から黒い濁流が押し寄せて彼女の体をさらった」。目が覚めで自分が泣いているのを感じる。すると小さな音がして茂みが揺れる。「奥の暗がりに白い腕がするりと消えて行くのが見えた」ので、真奈は、追いかけて、斜面をつんのめる。すると国木田さんに腕をつかまれて我に返る。夢と現実のあわいに、すみれは姿を現したのである。その晩、国木田さんと話をしていると、まるで自分の考えのようにして、ふと口をついて出たことばがある。それがすみれが言ったことばだと思い出した真奈はつぎのように語る。

こんなところにいたの、と胸の内側に呼びかける。血の一しずく、骨の一かけら、私を生きる方向へと押し出す、意識にすら上らないほんの数秒の思考のうねり。

とても、とても久しぶりに、彼女に会えた。

(『やがて海へと届く』一九五頁)

自分の考えを述べていると思いながら、そこに違和を感じて、それは自分のことばではないと気づく。真奈のなかにあるすみれは、真奈のものとして体内化されつくしてしまうことなく、まるでクリプトから立ち現れたかのように、すみれとして存在していると真奈は感じている。だから「彼女に会えた」と真奈は感じているのだ。真奈にすみれが憑在しているのである。

第十二章のすみれのパートで、ようやくすみれは自分の名前を思い出す。

卯木《うつぎ》すみれ。これは、卯木すみれの靴だ。思わず背後の川を振り返る。(略)生まれ、死んで、この海岸へいたるまで、卯木すみれが歩いてきた道筋のすべてが見通せた。靴を脱ぐことで私はまた一つ、彼女から遠ざかったのだろう。

道の半ばに、さよならも言えずに遠ざかってしまった人たちの姿が見えた。

急に、温かい空気を含んで体がぶわりとふくれあがった。会いたかった。あの人たちにもう一度会いたくて、ただ一言のお別れが言いたくて、そのためにこんなところまで来てしまった。

(『やがて海へと届く』二〇二頁)

卯月すみれと名前を思い出したところで、すでに彼女と卯月すみれとの意識は乖離している。能でいうところの、魂と魄が離れていってしまっているかのようだ。振り返ると会いたい人たちの姿が見えている。それが誰だかここで明らかにはされないが、次の真奈のパートで真奈と遠野くんが同時にすみれの夢をはじめて見たことで、すみれが二人の夢中にお別れを言うために会いにきたのだとわかる。
最終章は、すみれのパートとなっている。歩いているあいだじゅう、彼女が下げていたトートバックには、ときおり「ぴち」と音をたてる小さな魚が入っていたのだった。波打ち際にたどりついたすみれは、その魚が解き放たれると同時に、自らも新しい魂として再生するのであった。

解き放たれることを喜ぶように、中から小さな魚が飛び出した。次の瞬間、魚の目は私の目になっていた。躍動する真新しい魂も、海の果てからの呼び声も、その先にある肉の器も、なにもかもが私のものだった。
新鮮な水の味を確かめながらぐるりぐるりと旋回し、振り返らずに稲妻の速度で泳ぎ出す。呼ばれている。もう次の靴が用意されている。(略)
ふいに水の匂いが変わった。みるみる陸が近づいてくる。呼ぶ声もどんどん大きくなる。帰ってきた、帰ってきたよ。大きな声で泣きながら、私は私をすくい上げようとする一対のてのひらへ飛び込んだ。
(『やがて海へと届く』二二一~二頁)

最後に陸へと戻ってきた彼女は　もうすみれの亡霊ではない。もはやすみれでもない。このラストシーンは、魄としてのすみれの肉体をこの世に遺して、「真新しい魂」となった「私」が、いわば輪廻転生して、この世に生まれ変わったと読むべきだろう。すると、タイトルの「やがて海へと届く」というのは、海が輪廻転生の場、新しい魂として生まれ変わる場として暗示されているものということになる。

この小説は、真奈のパートで正常な喪の作業に失敗し、憑在論的メランコリーに陥っている真奈を描いた。しかしこの小説が一筋縄でいかないのは、真奈に憑在するすみれを幾度も描き、かつまた死んだはずのすみれに語らせ、最終章をすみれのパートで閉じていることだ。ラストは、死者となりきれない犠牲者の救済を描いているのだから、この小説自体が彷徨える魂の鎮魂の物語なのである。死者の語りはフィクションにしか描けない。しかし一方で能の伝統を考えてみれば、日本文学においてはくり返し語られてきたことでもある。

震災後の死者の物語

ではなぜ、震災後に死者たちに語らせなければならないのか。一つには、震災の津波による死者たちは突然に思いもかけず生を断ち切られてしまったのだから、言い遺したことがあるにちがいないと共同体が捉えているということがある。だから死者たちは、石巻のタクシードライバーが経験したように、縁故があろうがなかろうが、姿をあらわすのである。

遺体なき死にたいして、あきらめがつかないというのは、外地で死した多くの戦没者にも共通する問題だったが、ことに震災後には津波の被災に多くあった。天童荒太『ムーンナイト・ダイバー』(文藝春秋、二〇一六年)は、福島第一原子力発電所前の帰還困難区域の海に沈んだ死者たちの手がかりを探すために警備をかいくぐって海に潜るダイバーの話だ。身近な者の死の手応えがなくてあきらめきれない人々の姿は津波の被災を描くときにみられた主題の一つだ。しかし、そんなふうに突然波にまかれた死者なら、死者自身もその死にあきらめがつかないのではないか。『あの日から』（岩手日報社、二〇一五年）は、震災後、五年の歳月を経てようやく被災のただなかから発信された岩手県出身作家による短編集である。このなかにも死者の姿がさまざまに描かれた。高橋克彦「さるの湯」では、自分が死んでいることを理解しておらず、自らが撮影した写真に死者が写るのをいぶかしんでいる男が、最後に死出の道につうじている温泉につかってこの世を去る話である。あるいはまた菊地幸見「海辺のカウンター」では、亡くなったはずの先生が、バーにやってきてビールを飲んでは、べったりと濡れた千円札をカウンターにはりつけては消えてしまう話であった。

ただし、死者たちは、ただ無念を語りにやってくるわけではないだろう。あらためて死者との関係を結びなおし、死者の声を聞きとろうとするのは、過去に葬り去ったことがらを現在に呼び戻し、あらためて吟味する生者側の問題であるにちがいない。震災の記憶の鮮明なうちに、戦後七〇年を迎えたことにあいまって、震災は、戦争による死者たちの無念をも思い起こさせるものとなった。

たとえば山田洋次監督『母と暮せば』（二〇一五年）は、長崎の原爆を描いた作品だが、同時に明らかに震災の影響を色濃く刻んでいる映画としてみることができる。本作の前身となる広島の原爆を描いた黒木和雄監督『父と暮せば』（二〇〇四年）は、井上ひさしの舞台作品を映画化したもので、父親を見殺しにした罪の意識を抱えて「うちゃあ生きとんのが申し訳のうてならん。じゃけんど死ぬ勇気もなーです」と思い詰めた娘の前に父親の霊が現われ生への一歩を後押しする話だった。前に進めずにいる娘のサバイバーズ・ギルトは、原爆文学、戦争文学と文学の主要なテーマでもあった。それに対して、震災後に発表された『母と暮せば』は、原爆で一瞬にしてこの世から消えた息子が幽霊となって現れ、自らがどのように死んだのかを思い出す過程をとおして、死者であることを受け入れていく物語なのである。

医科大生の浩二は、講義を聞いている最中に亡くなった。この映画で原爆は、教室にフラッシュのような閃光が走ったあと、机に置いてあったガラスのインク壺がぐにゃりと溶ける映像で表現された。死体を描かなくとも、それだけで私たちにはすぐにもナガサキで起こったことをイメージできる。遺体も遺骨もないために、残された浩二の母親と恋人町子は、浩二がいつかふらりと帰ってくるような気がしていたものの、三年がたつころには、淡い期待は薄れていった。母親は、若い人は新たな一歩を進むべきだと考えて、町子に「もう諦めよう」と告げる。こうして母親が息子の死を受け入れると、その霊が現れるようなるのだった。

この映画で強調されていたことは、死者は安らかに死を受け入れているわけではないということだ。なぜ死んだのか、死なねばならなかったのか、死者の喪われた生への執着がさまざまなシーンに表現された。浩二が、好きだったメンデルスゾーンのレコードをききながら、ひとり涙を流すシーン。医大の先生の写真をみつけて、「どうしてるかな、今頃」と思った瞬間に、当の先生の授業を聞いている最中に爆撃にあったことを思い出すシーン。町子が新しい人と人生を送ることを認めようとしないシーン。さまざまに死者はあがきつづける。

『母と暮せば』が中心に据えたテーマは震災後の文学に扱われたことと重なりあっているのである。その意味で、『母と暮せば』が描いたナガサキは、東日本大震災後でなければかなわなかった世界観だったといえるだろう。実際に明らかに原爆から震災を連想させるセリフが入れ込まれてもあるのだった。母親が医科大学なら召集猶予だし、召集されても軍医だから生きて帰れると思ったのに結局は死んでしまったと嘆くと、浩二の霊は「しょうがないよ、そいが僕の運命さ」という。すると母親は昂然と「運命？　たとえば地震や津波は防ぎようがないから運命だけど、これは防げたことなの。人間が計画して行った大変な悲劇なの。運命じゃないのよ。そう思わん？」と主張する。いまの私たちにとって「地震や津波」ということばは、ただちに東日本大震災を想起させるものである。脚本をもとにして書かれた小説版では、ここは「台風や津波」となっているから、撮影時にあえて3・11に絞り込む意図で変更されたのだろう。「地震や津波」に対して、ここで指示詞でのみ示される「これは防げた」の「これ」は、ナガサキの物語においては原爆を意味するが、そこに重ねられた3・11においては原発を意味することになる。この一言で、この作品は戦後七〇年のナガサキを描いただけでなく、ナガサキとフクシマの被曝をつなぐものとなった。

　戦争の語りが、このようにして震災後文学にあらわされた幽霊の物語と共鳴しあうように、震災後文学もまた戦争の記憶を災禍のなかに呼び戻そうとしている。戦争そのものをあるいは戦後の歴史をいまいちど振り返ることは、比喩的に言えば過去に生きたものたちの声を聴きとることであり、死者たちの声に耳を傾けることだ。そのとき、憑在論が必要とされるのは、歴史を都合のいいように解釈し、今に生きる者たちが手前勝手に解釈してしまう「体内化」を批判し、異物としての過去と対峙することが要求されているからだ。日本を守るために勇ましくかつ美しく散ったとする特攻隊の青年たちの物語は、すでに戦後の日本社会が都合よく体内化したものであって、いま聞きとられるべき物語は、逃げることを許されぬ絶望のなかで死していった青年たちの無念であった。たとえば野田秀樹が二〇一六年のNODA・MAP第二〇回公演『逆鱗』で描いたのは、人間魚雷回天に乗って死んでいく若者たちが、まったく納得のいかない作戦への疑問をていする姿だった。塚本晋也が大岡昇平原作の『野火』を二〇一四年に再び映画化したのは、戦場とは飢えをしのぐために仲間を殺し合う陰惨な場にすぎないことを示すためであった。

　こうして震災をとおして戦争を見直すとき、亡霊の存在は記憶の問題としてあることが浮かび上がってくる。たとえば終わらない戦後を強いられている沖縄を舞台とする目取真俊の小説には、しばしば沖縄戦の死者が幽霊として登場する。「伝令兵」[*6]は、伝令として戦渦の中を走り回っていた少年兵が、戦争が終わったことも自分が死んでいることも知らずに、いまだ街を走っていて、米兵に襲われそうになった主人公を助けてくれる物語である。爆弾で頭が吹っ飛んで首のないまま走り回る少年兵は、あれからずっと今日まで走りつづけているのである。コザの暴動にも米兵による小学生の少女のレイプ事件にも立ち会いながら、この死者は生き続けている。登場人物の一人が言う。「(…)でも、その伝令兵は今も何を伝えようとしているんですかね」。これに対して「そんなの誰にも分らんさ」と応じる者がおり、生き続ける死者がそこにいて、何かを伝えようとしていることが共有されていることがわかる。そのことがこの地で戦争が終わってはいないこと、戦争が忘れ去られてはいないことを端的に示しているだろう。亡霊の存在によって、甦るのは死者ではない。生者の記憶なのである。

だからいま震災の死者の語りを聞き逃すまいと、正常な喪の作業を拒絶して憑在論的メランコリーに踏みとどまって物語は語られているのである。

＊6　『戦争小説短篇名作選』講談社文芸文庫、二〇一五年。

第六章　フクシマ以後の崇高と不安の憑在論

災害というスペクタクル

二〇一六年二月一一日から九月五日に、ポンピドゥ分館で開催された「崇高――世界の震え(Sublime: Les tremblements du monde)」展は、地震、嵐、火山、天然ガス、津波、核実験などといった世界中の自然災害、人災をめぐる展覧会であった。リスボン大地震を描いたジオラマもあれば、ターナーの描いた嵐の絵画もあり、あるいは津波に洗われた家屋のドアや椅子などを集め、頭上に波打つように組んだ、川俣正による「波の下(Under the Water)」という大きな作品もあった。

こうした展示に「崇高(sublime)」というタイトルがつくのはなぜか。これについては、火山学者として噴火や溶岩の流れる様を撮り続けたカティア&モーリス・クラフトによる映像展示の例がわかりやすい。数々の火山を撮影してきたクラフト夫妻は、一九九一年、日本の雲仙で行方不明になっており、多くの報道関係者とともに火砕流の被害にあったものとみられている。しかしそこに展示されたクラフト夫妻による映像は、真っ赤に燃え盛る溶岩が大地を流れていく、うっとりと見とれてしまうほど美しい光景なのである。高温の溶岩は一つ間違うと人間をあっという間に死に至らしめる恐ろしいものである。けれども赤く発光しながら山肌を流れていく溶岩の様子は、自然現象として美しくも雄大にみえる。人間の死などものともしない自然の力が、そのように崇高な美しさをたたえていることについて問うというのが、展示全体のコンセプトであるらしい。

忌まわしくもおびただしい人間の死を前提にしている災害をさして「崇高」だとするのは東日本大震災を経験したばかりの者には不快感を覚えずにはいられない捉え方ではある。しかし、たとえば小林エリカが、一連のアート作品、あるいは『光の子ども1』（リトル・モア、二〇一三年）、『光の子ども2』（同、二〇一六年）、小説『マダムキュリーと朝食を』（集英社、二〇一四年）などでくり返し強調しているように、死と隣り合わせのものであることと美とは矛盾しないのである。キュリー夫妻がラジウムを発見したとき、緑色に発光する物質はただ美しいものであって、邪悪なものだとは思いも寄らなかったはずだ。だからキュリー夫人はラジウムを寝室に置いていたのだし、ラジウムをつかったシャンデリアやアクセサリーなどの装飾品がつくられたわけだ。[*1] そうしてその美しさに魅入られた人々が知らず知らずのうちに被曝を重ねていったのである。人間は美しいもののなかに邪悪さを想像することができないが、美しいものは、必ずしも人間にとって善きものではない。それが「崇高」というあり方なのだというのが、この展覧会で示されているのだろう。

この展覧会でとりわけ問題含みであるのは「核――究極の崇高」と題された核災害についての

パートであろう。ここには、二〇一一年三月の福島第一原子力発電所事故という最新の核災害についての展示も含まれていた。ただし展示会場の説明書きを読む限り、核災害に美しさを見いだしているわけでは全くなく、反核を中心に据えて核の両義性を鋭く指摘しているのであった。

二十世紀後半には、核による大量死という仮想がとりついていた。その仮想は、核実験の魅力的な美しさ、爆発の威力にはぐくまれ、軍拡競争や民間の各施設の事故の恐怖によって生成された新しい崇高を鍛えあげるのに寄与する。とくに、冷戦状態は差し迫った滅亡のファンタジーをあおり、国際的な脅威の風潮を支えた。七〇年代、八〇年代以降、アクティヴィスト、知識人、フェミニストそしてアーティストが結集し、世界のこの技術による民間の、および軍事的な脅かしの廃絶を表明する。新しいアートが形成され、創出されたのである。それらはしばしばささやかな作品で、危機を喚起するために広く普及し得るものであった。また原発の増加は複合的な結果をもたらす新しい種類の災害を生み出した。「自然災害というものはもはやない。文明的な災害があるだけだ」と哲学者、ジャン＝リュック・ナンシーは述べている。

＊1　一九二〇年代アメリカのラジウム・ダイヤル社は、文字盤にラジウムを塗って緑色に発光する腕時計を製造、販売していた。ここで文字盤にラジウムを塗る作業をしていた女性工員たちが次々に亡くなったり、長く煩ったりすることになったため女性たちは会社の責任を問う裁判を行い、最終的には勝ち取った。この問題を告発したドキュメンタリー映画『ラジウム・シティ』（一九八七年）がある。

ここに言われるささやかな作品というのは、たとえばルイス・ネーデルランドの「核の扇子(Nuclear Fan)」などの作品を指す。細長のピンクの色紙にキノコ雲が印刷されており、それらが扇状に留められている。そのへりには「これはただの実験です(THIS IS ONLY A TEST)」と印字されている。あるいはドナ・アン・マクアダムスによる作品は、フロリダ州マイアミのターキーポイント原子力発電所前で三人の女性がジャグリングボールをほうりなげている写真に、「彼らは私たちの遺伝子でジャグリングしている!(They're Juggling Our Genes!)」と書かれているポストカードである。つまりここに集められたものは反核というプロテスト芸術なのであった。こうしたものに混じって、福島第一原子力発電所事故をめぐる作品は展示されていたのである。

放射能災の崇高

マウリツォ・ラッザラートとアンジェラ・メリトポウロスによる「二つの地図」という作品は、二〇一一年一〇月に行われた港千尋のインタビュー映像である。港千尋は、『東京新聞』と『ジャパン・タイムズ』の二つの放射能汚染地図を提示し、『ジャパン・タイムズ』のほうは青森から静岡までの広範囲の地図を示しているのに対し、『東京新聞』はそれより狭い範囲を示していること、特に北側を省いていることを指摘し、同じ状況下にあっても、狭い範囲の地図を見続けている人と、広い範囲を見続けている人とでは必然的に心理的効果が異なるはずだと述べている。つまり日本語の新聞を読んでいた者は、英語の新聞を読んでいた者よりもあらかじめ被害のイメージを最小化したかたちで刷り込まれていたというのである。またそれらの地図に、福島第一原子力発電所からの距離を示す、一〇キロ圏内、二〇キロ圏内といったような同心円状の圏域が示されることによって、放射能の被害があたかもその円内に留まって、それより外には出て行かないかのように錯覚させる効果があることを指摘している。この同心円は、広島の原爆で爆心地からの距離によって補償の有無が決められた、あの線に由来していて、広島においても実際の被爆の被害とは無関係の、極めて「政治的な」線だったと述べている。

福島原発事故でもまた、それと同様の同心円が、こんどは人々の不安を統御しているのである。このように円で区切られることによって、少なくとも円から外れている東京都以南の人々は、放射能の恐怖を持たずにいられるというわけだ。極度の不安を前にして、信じたいことを信じるという根拠のない安心を、これらの地図が与えているという意味で、港千尋はそれを「ヴィジュアル・アニミズム」あるいは「イコン」と表現している。地図がそのまま人々の心理を形成しているということは、つまりその同心円というのは、補償の問題を別にしたとしても、被害を小さく見積もるという意味において非常に政治的なものなのだ。

このインタビューのなかで、とくに印象深い発言は、放射能は目に見えないのになぜ写真を撮るのかと問われたときの答えである。港千尋が福島で撮った写真は、赤い花の咲き乱れた野原であったり、横川ダム、海景などであった。港千尋は言う。「カタストロフは、ここに写され、表象されている、この雄大な美のなかにまさに見えているものなのだ」と。港千尋は、ここに放射能が見えている(visible)と言うのだが、しかし実際には人間の視覚、嗅覚、触覚、味覚そして聴覚も放射能を感知することはできない。放射能があろうがなかろうが、野原や森は、相変わらず同じ姿で美しい。放射能の被害は、そうした雄大で美しい自然という善的なもののなかにあって、だからこそその美のなかに人間は邪悪さを思考することができないし、危機を知覚することもできないのである。

ここにおいて、核の展示が「究極の崇高」と題される意味に行き着くのである。放射能の被害というのは、一般に考えられてきたような、荒涼や荒廃のなかにあるわけではない。富士山の美しさのなかに噴火の恐怖が潜んでいるのと同様に、放射能は自然の雄大さのなかにあり、それを人間の感覚では感知できないだけである。ガイガーカウンターの音や数値でしか見えないものが人体の危機としてそこにあるということは、回避の方法もないわけだから、得体の知れない不安の源泉となる。したがって、この場合の不安とは何も感知できないところにある不安であって、いわば崇高の不安なのである。

華道家、片桐功敦が福島第一原発二〇キロ圏内に咲いた花を生けて撮った写真集『Sacrifice』にこんな一節がある。

福島県内では比較的温暖な南相馬市周辺で大雪が続いた日、海辺に広がる瓦礫の山が真っ白に覆われた。痛々しい風景をひとときでも隠してくれる雪の白さが本当に有り難いと思った。舞う雪の向こうにかもめ達の微かな姿と鳴き声が聞こえる。そこにかろうじて咲いていた水仙を一輪残した。

（片桐功敦『Sacrifice』青幻舎、二〇一五年、九〇頁）

こうして撮られた作品が写真集『Sacrifice』の表紙を飾っている。中をめくると、横ざまに倒れ込んだボートがよりかかる建物の屋内の、錆びついたパイプ椅子の上に真っ白で不気味に大きな泰山木の花があったり、小学校に置き去られた黒いランドセルのなかから顔をだす菜の花、蒲公英、マーガレットがあったりなど、ぞっとするような凄惨な作品が多い。片桐功敦は南相馬に移り住んで、一年近くのあいだ、汚染地域の自然が咲かせた花々を人がいなくなったからっぽの町に活けつづけた。津波被害を背景としながら、そこに思念されているのは、花や土、落ちている物、そこで目にするすべてが放射性物質をまとっているということだ。しかし、それは人の五感にはまったく感取できない。花は花としてただ美しく、思わず香りをたしかめようと顔をうずめたくなるほどだ。絶対の美が害悪であることの矛盾。そしてそれを人間が感知できずにいるということ。それを示すために、被災の傷跡にいけられた花という、ちぐはぐな禍々しさが作品に写し取られなければならなかったのだろう。片桐功敦は、花をいけることを「Sacrifice。生贄、供物、捧げ物」という。だれも見ないはずだった汚染地域での花の命の輝きは、片桐のような作家が身を犠牲（sacrifice）にしなければ、この世には残せなかったものだ。そうまでしてこの写真に写し取られたものは、やはり、そこには見えていないはずの、放射性物質に汚染された世界なのだろう。

この「崇高」展では、「滅亡の幻想」と題した一角に、ラース・フォン・トリアー監督『メランコリア』（二〇一一年）を展示してもいた。『崇高と美の観念の起源』（一七五七年）を著したエドマンド・バークや、エマヌエル・カントといった一八世紀の哲学者が、「甘美な恐怖」「負の快楽」などと述べて恐怖の美学化の素地をつくり、ＳＦなどで惑星規模の世界の終わりのイメージが展開してきたと説明する。『メランコリア』はまさにそのような幻想（ファンタズム）を元手に、恐怖と不安による崇高を表現した作品として展示されていたのである。

物語は、メランコリアと名づけられた星が地球に衝突し、地球が滅亡するまでの数日間を描く。前半に結婚式当日の新婦ジャスティンの不安と奇行を描き、後半はメランコリア星がいよいよ地球に接近し衝突するまでのジャスティンの姉、クレアの取り乱すさまを描いている。死から逃れられないと知って、クレアの夫のように自ら命を絶ってしまうか、あるいはクレアのように恐怖のあまり泣きじゃくるのは、ごくふつうの反応といえるだろう。だからここで中心化されているのは、ジャスティンのほうである。結婚式当日、幾度となく空を見上げて、星の存在に不穏な前触れを感知し、「怖い」と漏らしていた。せめて結婚式のあいだだけでも笑顔で乗り切ろうとするが、たちまちもたげてくる不安でいてもたってもいられなくなる。ジャスティンは不安にとり憑かれてメランコリアに陥っているのである。

しかしこうしたジャスティンの不安は、不穏さなどみじんも感じさせない緑あふれる大地、森、川、海といったまるで絵画のような美しい自然を背景にして描かれているのである。後半にいたって登場する地球滅亡をもたらすはずのメランコリア星もまた、夜は月のように輝き、昼はもう一つの地球のように青くたたずむ美しい姿で表象されている。

滅亡という未来しかなく、なすすべもなくそれを待つ不安と絶望が、そうした美しさのなかに置かれることの圧倒的な矛盾こそが、「崇高」だというのだろう。したがってそれは港千尋が語った、雄大な美のなかに危機としての放射能があるということと、アナロジカルに重ねて読むことができる。つまり放射能被害というのは、ジャスティンが感じているような底なしの不安に他ならないのだ。

映画『メランコリア』の後半、ジャスティンは恐怖の度が過ぎて、ついに落ち着きを取り戻す。そしてクレアの幼い子どもが怖がっているのを見ると、魔法の洞窟（magic cave）が守ってくれると説き、木の枝を組んだだけの心もとない円形の空間をつくり、そのなかで最後を迎えるのである。それは文字通り、子どもだましであるが、少なくとも子どもにとっては、魔法を信じるという一点において不安を和らげるために機能する。それはまるで、放射能が同心円の枠内に留まっているということを護符のようにして信じ込もうとする、震災後の心性そのもののようでもある。人間は、自らに感知できない不安に常時さらされていることに耐えられない。だから考えないようにしてやりすごすか、あるいはまた徹底的に否認しようとする。しかしそれは理のある否定ではないし、本当に忘れ去ることなどはできやしない。不安はただ抑圧されているだけである。抑圧された不安は亡霊のようにつきまとうことになる。それを不安の憑在論（hauntology）と呼ぶことにしよう。

『シン・ゴジラ』のサブリミナル的効果

「崇高」展のカタログには、最後に用語集が付けられていて、展示にはなかったものの、「ゴジラ」の項目もたてられていた。[*2] そこには一九五四年版の初代『ゴジラ』が、一九五四年三月一日のビキニ環礁におけるアメリカの水爆実験によって、マグロ漁船、第五福竜丸の二三人の乗組員が被爆したことを直接のきっかけとして誕生していることを説明し、日本にとってそれは、ヒロシマ、ナガサキにつづく核被害であり、そうした一連の核の脅威が巨大怪獣を生み出したのだと書かれている。もしこの「崇高」展の開催がもう少しあとだったら、核という究極の崇高の一角には『シン・ゴジラ』の映像が展示されていたかもしれない。

というのも、『シン・ゴジラ』こそ、「甘美な恐怖」「負の快楽」を刺激しながら、放射能の脅威を描いたSFファンタジーに他ならないからだ。首都東京の街を壊滅的破壊に追い込むのはゴジラの吐き出した放射性物質である。高濃度の汚染で東京都内には三区にわたって帰還困難区域ができる。「風評被害」「除染」といったおなじみのことばも挙がって、観客は東京が福島の帰還困難区域と化すのを疑似体験する。ゴジラを倒すためにアメリカが原子爆弾の使用を決定すると、東京都内のみならず千葉、神奈川を含めた三六〇万人もの住民が避難を余儀なくされる。首相代理は「避難とは、住民に生活を根こそぎ捨てさせることだ」とつぶやくが、それは福島で避難指示によって家を離れた人たちの慨嘆そのものである。

その後西日本の土地の価格が高騰していると言われていることから、多くの者は西日本に移住したことが知られる。それはフクシマ以後に自主避難を決めた一部の都民の軌跡でもあるし、桐野夏生が『バラカ』（集英社、二〇一六年）で描いたように、福島第一原子力発電所の事故が最悪の事態に至ったケースとして想定されたことでもあった。[*3]

最終的に、ゴジラを冷温停止させることで事態を収めるのも、東日本大震災における福島第一原発事故の明らかな引用であり、最後に東京駅に凝固したゴジラが立ちすくんだままであるのも、福島の原発がいまだ事故後の処理を終えていないことを暗示している。このようにあからさまな震災イメージを埋め込んだ庵野秀明監督『シン・ゴジラ』が二〇一六年の夏に興行収入、八〇億円を超えるヒットを記録したのも、震災後に潜在する不安を慰撫する「魔法の洞窟」効果だったのかもしれない。

というのも『シン・ゴジラ』はハッピーエンディングを持つ映画なのである。徹底的な破壊のあとでなにほどの希望があろうかとみえながら、東京に撒き散らされた放射性物質の半減期がたったの二〇日であることが判明し、東京は元通りに復興する見通しが示される。放射性物質を無害化するというファンタジーは、いまもっとも信じたい物語だ。絶望の上に築かれているにもかかわらず、ハッピーエンドを迎えるという物語構造の詐術が、子どもだましであればあるほど、人々の信じたい想いはかきたてられたのである。

しかし映画『シン・ゴジラ』が観客にもたらす多幸感は、そうした表向きの物語構造に依存し

＊2 Hélène Meisel et.al., *Sublime : Les tremblements du monde*, Centre Pompidou-Metz Editions, 2016.

＊3 『東京新聞』二〇一六年二月二〇日付朝刊は、東日本大震災時の原発事故で首都圏で大規模な避難が必要になることを想定した首相談話を劇作家の平田オリザに用意させていたことを報じ、全文を掲載している。西日本の自治体に協力を仰ぎ、西日本に向かう列車には「妊娠中の方、乳幼児を連れた方を優先して乗車させるよう訴えている。

ているだけではないだろう。むしろ震災後の不安を潜在意識の深いところから刺激する映像がしかけられているせいなのである。わざわざゴジラを一個体のうちに進化させることによって、川を遡上させる場面をつくり、水に吹き上げられる船や車の映像をつくりこみ津波をイメージさせた。ここには水に押し流された船に追われて男性が坂を駆け上がっていくショットが挟み込まれている。あるいはゴジラから逃げるのに役に立つとも思えないが高台に逃げた人々が眼下を見守る場面がある。通称「蒲田くん」と呼ばれる通常のゴジラとは異なる形態の存在によって、東日本大震災の津波の記憶が引用されているのである。しかしここで最も重要なのは、その第二形態のゴジラがもたらした被害として映し出された映像である。がれきの山の上にひしゃげてひっくりかえった車があり、その下に押しつぶされた人間の足がのぞいているショットがある。東日本大震災の津波の被害はテレビや新聞で報道されるときには、亡くなった人が決して映らないように配慮されていた。しかしそのような映像をみながら、人々はそこら中にころがるいくつもの遺体を幻視していたはずだ。そのようにメディアからは巧妙に除かれていた被災地のリアルが『シン・ゴジラ』というフィクションによって再現されたのである。それは実際に遺体をみていた人の記憶を喚起しただけではない。むしろ誰もがそうと知っていながら否認した、抑圧された記憶が喚び起こされたのである。否認の事実は、不安として潜在意識に滞っている。『シン・ゴジラ』は、こうしたごく短いショットによって、その不安をサブリミナル的な効果で以て刺激するのである。

ゴジラがいわゆるゴジラらしい姿となると、ゴジラの吐き出す放射線によって東京は焼け野原となる。マスクをして体育館に避難している人々、自衛隊の炊き出しで配られるカレーに行列する人々などのショットは震災の被災地のイメージを喚起する。あるいは米国がゴジラ退治のために東京での核兵器使用を決断すると、ヒロシマ、ナガサキに続く原爆による攻撃であることを示すために、原爆投下後の広島、長崎の白黒写真が映し出される。

映画自体が、息もつかせぬ早いテンポで展開するゆえに、サブリミナルというには長いが、それでも非常に短いショットで、名のある俳優も登場せず、物語の本筋からははずれる映像は、おそらく劇場で見た観客の記憶には残らなかっただろう。だからこそ、これらの場面は潜在意識を刺激し、抑圧された不安を否が応でもかきたてたのである。ゴジラに対して勝利するというお定まりの物語の枠組みを踏襲しながら、実際には、抑圧された不安をサブリミナル的な効果でかき立てることによって、不安が高じるほどにカタルシスを増大させるしかけが組み込まれていたのである。東京の人々にとって、放射能災から何事もなかったかのように復興することは切なる願いだ。かつてと同じ生活を取り戻したいのである。同時に放射能に汚染された土地が元通りになることはあり得ないとも知っている。それでも少なくとも東京にいる限り、震災の報道がなくなれば、福島第一原子力発電所の後始末の見通しがたたないことも、除染された地域に行き場のない汚染土が積まれたままになっていることも忘れていることができる。しかしそのようにして忘却したことは、不安として潜伏しつづけていたのである。ゴジラが出現するのはいつだって首都たる東京でなければならないのだが、一九五四年版初代ゴジラが、ヒロシマ、ナガサキ、そして東京大空襲の記憶を引き出したとすれば、震災後の『シン・ゴジラ』はフクシマの恐怖を蘇らせたのである。『シン・ゴジラ』の最終ショットで、東京駅の位置するところに立ち尽くしているゴジラをその背から尾にかけてアップに写し撮っていくと、尾の先に黒焦げの人体の集積のようなものがみえてくる。それはこの映画でゴジラの吐き出す熱線に焼き尽くされた死者たちであり、ヒロシマ、ナガサキの原爆の死者でもあるだろう。そもそもゴジラは一九五四年版の初代から、それを引き継ぐ一九八四年版『ゴジラ』が冷戦時代を背景にソヴィエト連邦とアメリカ合衆国が東京に現れたゴジラに対して原子爆弾を使おうとするなど、ヒロシマ、ナガサキの原子力爆弾攻撃の記憶にとり憑かれている作品なのだから。

ドイツ史における、とくにアウシュヴィッツの記憶の問題を論じてきたアライダ・アスマンは、ハイナー・ミューラー、ルース・クルーガー他、さまざまなテキストを縦横無尽に引きながら、意識から追い出して抑圧した記憶は、亡霊のイメージにとらわれていると述べている。[*4] この場合の亡霊は、ゴジラだ。ゴジラは震災後の不安の形象である。いまや破滅の表現は、東日本大震災に憑依されているのであり、かつまた観客が放射能汚染による人類の危機というスペクタクルに身をゆだねながら深層の不安を払拭しようと不可能な悪魔払いに熱中したのも、放射能問題が亡霊のようにして自らにとり憑いて離れないせいでもあるのだ。

不安の文学――いとうせいこう『どんぶらこ』

しかし、そのような東日本大震災の体験に根ざした不安の記憶は、早晩、失われていくだろう。

アライダ・アスマンは、アウシュヴィッツ、冷戦下の東西に二分した国といったドイツの歴史をみるのに「世代概念」が鍵となるとして、経験に基づく区分を示している。[*5] むろんアスマン自身が述べているように、世代論は、歴史にはならない。しかしたとえばアウシュヴィッツの経験という記憶の継承に関心が向いているアスマンにとっては、その人に生涯つきまとう代わりに、一個人の死によって途絶えてしまうような記憶をどのように留めることができるかということは切実な問いである。現在の日本においても、戦時下の記憶は刻一刻と失われつつある。とはいえ戦争の記憶は重要なこととして認められているから、オーラルヒストリーとしてまとめられるなど歴史化の準備は整っているともいえる。それでは、記録に値しない（と考えられている）記憶はどうなっていくのか。[*6] このことを問うている小説として、いとうせいこう『どんぶらこ』（河出書房新社、二〇一七年）がある。

『どんぶらこ』は、Sちゃんと呼ばれる男の現在と過去をめぐる連作短編集である。表題作「どんぶらこ」の他に「蛾」「犬小屋」とつづく。表題作「どんぶらこ」と「蛾」「犬小屋」とでは扱う主題の角度が異なっている。「どんぶらこ」が不安の問題を描いているとすれば、「蛾」

＊4　Aleida Assmann, *Cultural Memory and Western Civilization: Functions, media, archives*, UK: Cambridge University Press, 2011, p.163

＊5　アライダ・アスマン（磯崎康太郎訳）『記憶のなかの歴史――個人的経験から公的演出へ』松籟社、二〇一一年。

＊6　たとえばKHB東日本放送『3・11を語り継ぐ――民話の語り手たちの大震災』などの記録映像をはじめとして、被災の記憶のアーカイヴ化をめざすさまざまな活動がある。

「犬小屋」は記憶の継承の問題を描いているのである。以下に順にみていこう。

「どんぶらこ」は、川から大きな桃が流れてくるという桃太郎の変奏で「どんぶらこ、どんぶらこ。／どんぶらこっこ、すっこっこ」という擬態語で幕開ける。いかにものどかそうでいながら、昔話がそうであるように、その実、不気味な物語である。八三歳になったSちゃんの父親が急に痙攣を起こしサービス付き高齢者用住宅から救急車で病院へ運ばれていく。その道中、父親は現実から引きはがされた意識の底で、川上から桃のような物が流れてくるヴィジョンをみている。二〇一一年の東日本大震災後の夏、節電要請に応えてクーラーをかけずに過ごしていて倒れたという設定である。父親は、それ以来、惚けがすすみ変調をきたしていく。いま桃が流れてくるのをみている父親の意識は、五一歳で夫に逃げられ、両親の介護をする別の女の物語と接続しているのであった。物語はSちゃんの父親とその女の物語を交互に描いていく構成である。

女の娘は二〇一一年の二月に家を出てゆき、その年の五月に夫も別な女のもとへ転がり込んで出て行った。「なぜ私がこんな目にあうのか」「なぜ私たちがこんな目にあうのか」と作中に繰り返されることばは、思いもしなかった末路を経験するはめになった年寄りたちの呻吟として震災後の被災者の集合的な経験に重なり合うだろう。

娘と夫に見捨てられ一人になった女は実家に戻るが、ボケかけた父親に自殺され、金につまって、歩けなくなった母親に食事を与えず虐待死させる。こんな生活から逃げ出したいと用意したピンク色の大きなトランクに母親の死体を入れて川へ流す。Sちゃんの父親が救急車で、薄れかけた意識のなかにみていた桃は、このトランクだったのだ。「膝を抱えた人の体は短《みじけ》え繰り言でいっぺえさ。／なんでわしばっかりこんな目にあうずら」。Sちゃんの父親は、虐待死した女の母親の意識と接続している。

すべての疎まれながら死んでいった老人の意識をチャンネルして束ねるようにして、父親は言う。

Sちゃん、人間は簡単に絶滅出来ねえだぞ、苦しみの時間は長《なげ》えで、お前一代の言葉なんかじゃ届かねえほどあるで、ほいで、そのうちお前も必ずこうなるだでな、水は上から下へ行くだで、俺の子だもんで、生きてりゃこうなるで、俺を笑えねえし叱れねえし逃げられねえでな、これはお前だで。　（いとうせいこう『どんぶらこ』河出書房新社、二〇一七年、八六〜七頁）

いつから人間の死は、こんなにも陰惨なものになったのだろう。賢明に働いてきて、昭和を支えてきたというのに、まるで不要品のように扱われる末路だ。いつから死が悼むべきものでなくなり、死にゆく人が疎まれるようになったのだろう。介護小説といえばまさに現在のテーマだが、それだけではない。震災がむき出しにしてみせたのは、ジュディス・バトラーのいう生のあやうさ（precarious life）の問題なのである。[*7]

さらに、Sちゃんの父親が震災以来、音のならないラジオのイヤホンを耳につっこんだままにしていたように、不調の基底には地面が盤石ではなくなったことへの不安がある。その不安は、震災後を生きる私たちの不安でもある。この老人たちはあれ以来社会にきざしている不安とその根源にある生のあやうさを象徴しているのである。

父親は住み慣れた家を二束三文で売り払い、Sちゃんの用意した「サービス付き高齢者用住宅」へと移り住んだ。不安と不満でいっぱいのはずだが「これは決して文句じゃねえだでな、Sちゃん。俺はそういうつまらねえことを言う男じゃねえで」「お前を責めてるわけじゃねぇでな、Sちゃん。せめて自分の家の近くで死んでくれと言われるは親としてありがてえ事《こん》だとおかあさんとも何度も話しただで」と言って息子に感謝しなければならない。抑圧された感情は、亡霊的につきまとい、死にゆく老人へと憑依する。「どんぶらこ」は、そうした不安の憑在論として読むことができる。

対して、「蛾」「犬小屋」は、長くヨーロッパに留学していたSちゃんとよばれる語り手が、一九九九年の一時帰国時にゲント伯父を訪ねたときと二〇一〇年にケンスケ伯父を見舞った過去が回想される物語である。「蛾」の途中でSちゃんの名が仮蜜柑三吉であることが明かされる。仮蜜柑三吉といえば、いとうせいこうのまた別の小説『存在しない小説』に登場する謎の翻訳者であり、この二編の短編もまた、ドイツ語、英語の入り交じった外国語で一旦書かれ、その後日本語訳されたという設定である。日本を長く離れていた主人公は、これまで故郷や自らの来歴に関心を払ってこなかった。

「どんぶらこ」で親の介護に汲々としていたSちゃんは、一九九九年にゲント伯父を訪ねて子ども時代のことを語ってもらった日のことを一五年後の二〇一四年に書き綴る。かつて両親や親戚が活き活きと若かった時代、とくにケンスケ伯父がドイツ語を学ぶインテリで、自らもその影響を受けてドイツに留学したSにとって、祖父がどうして第二次大戦中に財をなし得たのかを知りたいと思ったのだ。親族の歴史は、それを記憶しているものがいなくなれば絶える。それを伝承し、書き残さなければ失われてしまう。昭和の歴史を辿り直そうと試みるも、一九六七年生まれのSには自身の子ども時代についても、もう思い出せないことが多く、彼の書くものは記憶のかけらを寄せ集めたものにしかならない。だから物語も、Sの意識の流れにそって思いつくままに語られていく。そしてそれは、二〇〇八年、結婚して五年後に二人の男とイスラエル軍による空爆を受けていたガザへと旅立った消息不明の妻ジュンコ・スタンジェに向けて書かれているのである。すでに命を失われたかもしれない人へと向けて書かれるSの物語。それは聞き手を失った昭和の日本を生きた人々の物語であり、戦時の記憶と同様に、あるいは大きな歴史につながらないだけにさらに深刻に失われかけている過去である。*8

これもまた『想像ラジオ』につづく、いとうせいこうのあらたな震災後文学といってよい。放射能災が明らかにしたことは、生の価値の差別化であった。子どもや子どもを産み育てる可能性

*7　アン・アリソンは、Precarious Japan と題した本を著わし、二〇〇七年に自宅で餓死しミイラ化した状態で発見された五二歳の男性の話からはじめている。「おにぎり食べたい」というメモが残されていた。しかもこうしたことは他にもいくつも起こっていた。また、親の年金を頼りに暮らしていて親が自宅で亡くなってもその遺体と暮らしつづけた人が幾人もみつかったりもした。その問題を扱った小林政広監督『日本の悲劇』(二〇一二年)という映画もつくられた。アリソンはこうした弱者が捨て置かれる社会構造のひずみがそのまま震災後の被災者にも反映していると述べている。(Anne Allison, *Precarious Japan*, Durham and London:Duke University Press, 2013.)

のある若い女性は、放射能の被害を受けやすいからという理由で真っ先に守られ、その代わりに老人たちは、線量の高いところでも健康に問題はないとされる。放射能の被害は誰にでも等しくあるはずだから、つまり老人は死ぬ身体として捉えられているということになる。金銭的格差が避難先を左右したし、水や食べ物に気をつけられるか否かを分けたのも格差であった。そのようにして、命の価値が差別化されていること自体が私たちの不安なのである。それは生のあやうさに憑依された不安である。

いくつものフクシマ・モナムール

そのような不安は、日本あるいは東日本に住む人々だけが感じているものではない。そのことはフクシマが連鎖的に脱原発に舵を切る国を生み出していったことをみればわかる。『東京新聞』二〇一七年七月六日朝刊は、ドイツ環境相のヘンドリクス氏が寄せた原稿を載せている。そこにはドイツ政府が政策転換に踏み切り、「原発八基の運転を停止し、残り九基も段階的に稼働停止することを決め」たのは、二〇一一年三月の福島第一原発事故がきっかけであったことが明記されている。『日本経済新聞』によれば、二〇一七年一月一一日には、隣国の台湾が「脱原発に向けた電力改革の柱となる電気事業法改正案を可決し」、二〇二五年までに原発ゼロとすると決めた。また韓国でもあらたに大統領に就任した文在寅氏が脱原発に向けてエネルギー政策を転換すると宣言している。[*9]

フクシマは世界を動かす事故であり、その意味で対岸の火事などといってすませられない重大な課題である。原発推進国であるはずのフランスにおいてもそれは例外ではなく、書名にフクシマと冠した本が瞬く間にいくつも出された。

とくに文学において、大規模な被曝の経験としてのフクシマは、ヒロシマを容易に連想させ、アラン・レネ監督『ヒロシマ・モナムール』のイメージを喚起してか、「フクシマ・モナムール」と題された本も複数冊、出ている。[*10] ジラール・レイナルの『フクシマ・モナムール』[*11]という小説は、釜石を舞台としていて、津波で連絡がとれなくなった夫のキヨトを待ち続けるカエデが、最

＊8　その意味で、一族の歴史を書き起こし、孫世代に伝える物語である、津島佑子『火の山――山猿記』の失敗の物語としても読める。

＊9　二〇一七年六月一九日付『日本経済新聞』「韓国、脱原発にカジ　新設白紙、再生エネを柱に」による。

＊10　小説作品というわけではないがフクシマへの想いをこめた五人の書き手による英語による散文集、『フクシマ・モナムール』がある。(Daniel de Roulet et.al., *Fukushima Mon Amour*, NY: Autonomedia, 2011.) ダニエル・ド・ルレによる「君はフクシマでなにも見ていない――日本の友だちへの手紙 (You didn't see Anything at Fukushima: Letter to a Japanese Friend)」は、『ヒロシマ・モナムール』の有名な冒頭のセリフ、「君はヒロシマで何も見ていない」を引用したものである。この手紙で『カミカゼ・モーツァルト』という小説も書いているド・ルレは、日本での経験として手紙の宛先であるカヨコに次のように述べている。「私の小説『カミカゼ・モーツァルト』について話していて、彼が、日本人は外国人が日本の歴史の話をするのを嫌うのだと説明した。私はカミカゼの運命に干渉すべきではなかったのだ。君は彼の意見を支持した。私たちの不幸はあなたには関係がない、と君は言った。私は君が不快だったのだと思った。そしていま、君が何と言おうと、君たちの不幸は本当に私たちの問題となっているのではないか？　あの福島原発の雇用者たちは、カミカゼのようにふるまっているのではないのか？　アトミック・サムライとして？」

終的に仙台の病院にいるキヨトと再会する物語である。釜石は津波で大きな被害を受けた場所であり、生き別れた男女を描くには適しているが、福島第一原発事故を取り込むのは難しい。結果として、刻一刻と流れてくるニュースが挟まれることで、カエデの不安に原発事故の問題を入れ込むかたちをとっている。

いまここで問題にしたいのはドイツ映画のドリス・ドリエ監督『フクシマ・モナムール』(二〇一六年)である。この映画のドイツ語原題は、英訳すると「Greetings from Fukushima」(フクシマからこんにちは)となるので、「フクシマ・モナムール」は、『ヒロシマ・モナムール』を意識して世界向けに付け直されたタイトルのようである。実際、『ヒロシマ・モナムール』のように、白黒映像で撮られた画面は、海外からの訪問者と現地の日本人の交流を描いているという点で似ていると言えなくもない。

物語は、結婚の約束をしていた彼と別れた失意のドイツ人女性、マリーが、原発事故で避難生活をしている人々の仮設住宅に慰問に訪れるところからはじまる。実際に仮設住宅に暮らしている人々の協力を仰いで作られたらしく、住民の一人一人のポートレイト映像が流れるなど、フィクションにドキュメンタリー映画のようなリアリティが加えられている。そうしたリアリズムにこだわっていながら、設定としては実に奇妙なのである。仮設住宅を抜け出して放射能被害で無人となったゾーン内(帰還困難区域)の自宅に勝手に戻ってしまったサトミは、最後の釜石芸者だという設定である。サトミのキャラクターは、実際に海外のメディアでも報道された最後の釜石芸者、伊藤艶子(藤間千雅乃)さんをモデルとしているらしいのだが、釜石は津波の被災地であって福島第一原発からは遠い。面白いことに、福島を描きたいのに釜石を舞台としていたジラール・レイナルの『フクシマ・モナムール』と同様の問題を抱えてしまっているのである。映画『フクシマ・モナムール』の場合、結果としてなぜ釜石芸者が福島にいるのかは説明されないまま、ゾーンの津波の被災者だということだけが示される（あるいは地理関係がよくわからない観客には矛盾しないことなのかもしれない）。

サトミはマリーに車の運転を頼み、津波で半壊している海辺の自宅に一人で戻る。なぜならそこは愛弟子のユキが津波で亡くなった場所だからだ。マリーはサトミをゾーンに一人置き去りにすることができず、泥だらけの家をなんとか住めるように整理するのを手伝って、共に暮らすようになる。夜になると、釜石浜唄が聞こえてくる。その声に導かれるようにして外に出たマリーは木の上で釜石浜唄を歌っているユキの姿をみる。まわりを見回すと、浜のそこここに亡くなった人々の亡霊がみえている。

ここに示されているのは、人間の住むことができなくなった放射線量の高い、汚染地域の亡霊は誰がみるのかという問いである。[*12] そこで名指され個として認知される亡霊はユキ一人である。しかしその亡霊を目撃するのは、ユキを死なせてしまった罪悪感に沈むサトミではないのである。

＊11　Gérard Raynal, *Fukushima mon amour*, TDO Éditions, 2011.
＊12　いとうせいこう『想像ラジオ』（河出書房新社、二〇一三年）の主人公ＤＪアークは津波で亡くなったのだが、同時にゾーンで亡くなったがためにいつまでも木の上に遺体が引っかかったままで置かれているという設定であった。

ドイツからやってきて、たまたま行き逢ったマリーが目撃者となるのだ。すでに第五章「震災後文学の憑在論（hauntology）」で述べたとおり、夢幻能の伝統においても亡霊は近親者ではなく、通りがかりの旅人と出遭うのが定型である。その日本文学の伝統に則るかたちでマリーは亡霊をみる。サトミはマリーが不幸だから亡霊を呼び寄せるのだと文句をいう。

この映画において、亡霊とは縁者が罪の意識でみるものではなく、この世に確かに存在する過去の痕跡として描かれているのが重要だ。マリーの不幸とは、結婚するはずだった男の友だちと結婚式の直前に性的関係を持ったことで彼が去っていったという、単純といえば単純な恋愛関係のもつれに起因する。それは津波で命を失い、原発事故の放射能災で土地を追われた人々の哀しみと比較すべきではないような若気の至りにみえもする。しかし問題は、哀しみの重さや質にあるのではない。それは人によって異なるものなのだから、一般化して計られ比べられるべきものではない。マリーを頼りにして一緒にいてほしいと願いながらも冷たくあしらいつづけているサトミもその話を聞いて自分の哀しみと比べて、軽んじたりなどはしなかった。それはマリーにとっては自殺を思うほどの一大事であったのだし、そうした哀しみを抱えたマリーが、亡くなったユキを思って死のうとするサトミとたまたま出遭ってしまったことによってはじめて生まれる共振の物語なのだ。マリーの哀しみは、サトミの哀しみのみならず土地の不幸と共振する。それによってマリーが亡霊を呼び出してしまうのである。そのような出遭い方によってしか他者の哀しみに近づくことなどできないが、まったくの他者であっても亡霊をみるほどに共振することはできる。いつしかマリーは、ユキが成仏すること、サトミが本来の自分を取り戻すことを願うようになる。たまさか立ち寄った旅人が、土地の霊に憑依され、それを目撃する。憑在論的な物語であると同時に、それを目撃するのがドイツ人女性であるという設定において、震災後の亡霊という不安が、被災地の、体験による記憶に根ざしているものではないことを明言するのである。『フクシマ・モナムール』が最後の釜石芸者をモデルとしていながら、福島第一原発の被災地でなければならなかったのは、その亡霊たちが世界の不安の表象だからだ。フクシマとは震災後文学に憑在する世界の不安なのである。

第七章　放射能災と生のあやうさ

東日本全域避難の可能性

二〇一一年三月の福島第一原子力発電所の破壊は、帰還困難区域として、人が住むことのできないエリアを出現させた。他にも米軍基地など、通常、一般の人が立ち入ることの許されていないエリアはいくつもあるにせよ、もともと住人がいた土地が、ある日突然、放射性物質によって生命が脅かされる危険のある場所になってしまったことの被害は甚大である。帰還困難区域に指定されたということは、引っ越しというかたちでの生活の移転は許されず、これまで生きてきた時間をすべて置き去りにしてこなければならない事態であった。そしてこのような避難地域は、実際に東日本全域にも及んだ可能性があったのである。

二〇一六年二月二〇日付『東京新聞』朝刊に、二〇一一年三月の福島第一原子力発電所事故の際に首都圏の避難を想定した首相談話の草案が作成されていたことが報じられた。当時の総理大臣であった菅直人は、この談話の存在を知らなかったそうだが、文部科学副大臣だった鈴木寛が三月一八日の時点で、劇作家の平田オリザに作成を依頼し、三月二〇日に提出されたものだという。平田オリザは鳩山由紀夫内閣で首相のスピーチライターをつとめていた。[*1]

首相談話草案では、首都圏の住民が大挙して西日本に向かう列車に押し寄せる事態を想定し、「落ち着いて、各自、冷静に対処、行動」するよう訴えるとともに「西日本に向かう列車などに、妊娠中の方、乳幼児を連れた方を優先して乗車させていただきたい」と指示している。

『東京新聞』の当該記事によると、首都圏待避を伴う「最悪のシナリオ」については、別途、原子力委員長の近藤俊介によるシミュレーションが三月二五日に作成されていたといい、「福島第一原発1〜4号機の使用済み核燃料プールが空だきになって燃料が溶融するなどの想定で、首都圏の住民数千万人の避難を示唆する内容だった」という。

二〇一一年三月一八日付『日本経済新聞』には、菅直人元首相が「東電には福島第一原発が最悪の事態になったら東日本がつぶれる、という危機感が薄い」と述べていることが報じられ、二〇一一年九月二一日付『日本経済新聞』で、事故当時を回想する菅直人元首相は「最悪の事態になったら東日本がつぶれることも想定しなければいけない」と口にしたとして、物議を醸した頃に、「原発事故の直後に最悪のシミュレーションを考えてくれと指示した。退避区域が200〜300キロメートル単位にまで広がるのが最悪の想定だった。10万〜20万人の避難も大変なのに、対象が1000万人、2000万人となれば国が機能しなくなる。少なくとも国会は移転しないといけない。国会の周りも人っ子一人いなくなる。首相官邸から全部、西の方に行くことになる」ことを想定していたという。

ありえたかもしれない3・11後の世界

震災後文学には、さらなる原発事故が起こったあとの世界を描く近未来小説が多かった。それに対して桐野夏生『バラカ』は、他ならぬ3・11の地震、津波、原発事故を辿り直す方法を取っている。四基の原発がすべて爆発し、首都圏を含めた東日本全域に避難指示が出るというのだ。しかし、先の新聞報道を見る限り、これは全くの絵空事ではなかった。『バラカ』に描かれる、東日本には移民しか住んでおらず、西日本に首都機能が移った世界は、まさに原発事故当時、危惧されていたことそのものであった。今ある現実は、最悪の事態を辛くも免れた状態であって、『バラカ』に描かれた世界こそが、一時はリアリティを持っていたのである。

首都圏退避となった場合、日本はどうなっていたのか。小説『バラカ』には、原発事故の八年後の世界が描かれているのだが、首都は大阪へ移り、オリンピックは大阪オリンピックとして無事に開催の予定だ。東京を含めた東日本には、西日本に移住した元住民の代わりに、出稼ぎにやってきた外国人労働者が移り住んでいる。このことは原子力発電所という産業が格差を前提にし

＊1　この談話について宮本道人は、「実用文と文学の狭間に置かれた、フィクショナルな草案。文学は政治の現場にも利用されており、むしろそれは同時に、文学が政治を利用する機会を手にしていることも意味する」として、文学が政治に作用する可能性を模索する。例として若杉冽『原発ホワイトアウト』が実際に起こり得る事件を未然に防ぐために書かれたとする言を引いている（宮本道人「対震災実用文学論——東日本大震災において文学はどう使われたか」（限界研編）『東日本大震災後文学論』南雲堂、二〇一七年、三四〇頁）。

て営まれてきたことの成れの果てである。原発立地自治体が過疎化による経済的困窮のなかで電源立地地域対策交付金と雇用促進による起死回生を狙って誘致を決定してきた経緯にもあらわされているように、いざ事故となればまっさきに害を被るようなものをできればそばには置きたくない。うるおっている自治体なら選ばない選択肢だ。被曝の怖れのある仕事には、賃金目当てで働いてくれる労働力が当てられる。この産業全体が弱者に犠牲を強いる構造の中で構築されてきた。したがって、いざ原子力発電所の事故が起こると、あらためて経済的困窮者をかき集めて対処に当たるほかないということになる。原発事故は、このような予め存在していた格差をさらに露わにし、ジョルジョ・アガンベンのいう「剥き出しの生」*2となった人々が命の重さを量られ、区分されるような社会システムであった。

『バラカ』が中心に置くテーマが人身売買であるのも、この問題と連続するからだ。四〇代独身のキャリア女性が、ふと生き方に疑問を感じて子どもを持ちたいと思う。日本では未婚女性が養子をとるのは難しい。そこでドバイのショッピングモールにあるベビースークで赤ん坊を買って来るのである。そこに売られている子どもたちは皆、神の恩寵を意味する「バラカ」と名づけられていた。女はほどなく大学の同級生と結婚し、いっこうに懐かない子を疎んじるようになる。

一方、バラカの実の親は日系ブラジル人で、我が子を探して奔走している。日系ブラジル人コミュニティの「聖霊の声」教会のエピソードが絡み合い、そこへ東日本大震災が重なって事態は思わぬ方向へと進んでいく。震災のどさくさで親元を逃げ出したバラカは、汚染のひどい警戒区域で発見され、豊田薔薇香として生きる。被曝した薔薇香は甲状腺ガンを患い、首にネックレス状の手術痕を持つ。そのことから原発推進派、反原発派の両方に利用され翻弄されるのである。虚構の冒険活劇でありながら、細部の設定は現実に重なっていて奇妙な臨場感がある。

人身売買と原発事故といった、一見別々の主題が一つの小説に描かれるのは、放射能汚染が命の問題に他ならないからだ。だからこの小説の養子縁組は失敗に終わる。あらゆるものが売り買いできるようになっても、命だけはそれを許されないというのが小説の応えなのだろう。

プレカリオスな日本

しかし実際には、震災の前から、国は国民の命など守ってはくれないという「剥き出しの生」の危機は迫っていた。小林政広監督『日本の悲劇』(二〇一二年)は震災後の映画としてあえて年金不正受給の問題を扱った。仕事がなく、年金をたよりに生きるほかない若者が多く、所在や存命が確認できない高齢者が多くいたこと、年金受給のために遺体と暮らす者が複数あったことが二〇一〇年に明らかになった。

豊かな国だと思われてきた日本社会は、いまやプレカリアートを急増させている。プレカリアートは、不安定な状態を意味する、precarious(プレカリオス)と資本をもたない労働者階級をさすproletariat(プロレタリアート)を組み合わせた語で、日本のワーキングプアなどの問題に限らず、

＊2　ジョルジョ・アガンベン(高桑和巳訳)『ホモ・サケル――主権権力と剥き出しの生』以文社、二〇〇七年。

九〇年代以降、世界で拡大している格差問題を言い表すための用語である。アン・アリソンは、『不安定な日本』（二〇一三年）[*3]において、日本のプレカリアートと社会構造の問題を論じている。この本のはじめの「生活の苦しみ」の章にアリソンが引くのは、二〇〇七年に起こった、五二歳の男性が自宅で飢え死にし、ミイラ化した状態で発見された事件である。この男性は「おにぎりたべたい」と書かれたメモを残していた。彼女が示そうとしているのは、食べ物がありあまり、大量投棄されている日本社会で、ただひとつのおにぎりを手に入れることもできず餓死していく人がいるという驚くべき事態である。八〇年代のバブル経済以降の日本の貧困問題を紹介しながら、最終的にこの問題は二〇一一年三月一一日の東日本大震災に行き着く。震災がこの国が抱えてきたさまざまな問題を明らかにしたのだという。アリソンが買った二〇一一年七月二四日付『朝日新聞』朝刊には、日常的に孤独死する人がいる社会で、震災後将来に不安を感じている人は八〇％いるとする調査があったという。[*4]一方で古市憲寿『絶望の国の幸福な若者たち』[*5]によれば、未来のことを考えず、この刹那を楽しんでいる若者は自足しており、日本の二〇代の若者の多くが生活に満足していると答えているという。しかしそれは、古市自身が指摘するように、「若者たちの親世代がまさに高度成長期の恩恵を受けてきた「勝ち組」世代」の家族を支えとした「家族福祉」のおかげに他ならないのだとすれば、それが失われたとき、小林政弘監督『日本の悲劇』（二〇一二年）にあったように、親の年金を頼りに生きてきて、親が死んだことを申告できずに死体と暮らす事態に追い込まれるか、あるいは「おにぎりたべたい」と書き残して飢え死にしてしまうだろう。アリソンは、今はたちまち今でなくなるのに、未来を持たないのなら、人はどのようにして生きればいいのかと問い、山積みされた社会問題に解決の目処のないことを憂うのだ。

一方で、被災という事態は、人々に自らの命の価値を如実に知らしめることでもあった。平田オリザ作成の首相談話草案にあるように、「妊娠中の方、乳幼児を連れた方」が何よりも避難を優先されるべきなのは、幼い子どもや胎児が放射能被害を受けやすく、また実害を得やすいからだが、するとすでに子を産めない中年以降の人間や婚姻にいたらない若い男女の避難は必然的に後回しになるわけである。避難のケースではないが、二〇一一年三月二三日に首都圏の水道水の浄水場から放射性ヨウ素が検出されたときには、乳幼児には水道水を与えないように指示が出され、ペットボトルの水が売り切れ状態となった。このときも、経済格差によってあるいは入手経路の有無によって放射性物質から逃れるべき命と放射性物質の含まれた水道水を飲み続ける命と

＊3　Anne Allison, *Precarious Japan*, Durham and London: Duke University Press, 2013.

＊4　二〇一一年七月二四日付『朝日新聞』朝刊の「孤独死、高齢化、過疎…　東日本大震災、社会矛盾を露呈」では、「東日本大震災は、戦後日本の弱点をさらけ出した。高齢化、単身世帯化、格差社会化に直面している私たちの社会に、さらに自然災害の重荷が覆いかぶさる」として、「孤独死」の問題を取り上げている。またここには「アクサ生命保険が6月に実施した1万人ネット調査では、8割が「この国の行く末に不安を感じるようになった」、7割弱が「人と人とのつながりの大切さを感じるようになった」と答えた」との調査結果が掲載されている。

＊5　古市憲寿『絶望の国の幸福な若者たち』講談社、二〇一一年。のちに追記を加えたかたちで『絶望の国の幸福な若者たち』講談社＋α文庫、二〇一五年。引用は、二〇一五年版を参照しているが、アン・アリソンが引いているのは二〇一一年版である。

が区分けされたのである。このように守られるべき命か否かが厳然と分けられているという事実は人々を潜在的不安に陥れた。

ジュディス・バトラーが『生のあやうさ――哀悼と暴力の政治学』で述べているように、私たちの身体、すなわち死にゆく(mortality)身体であること、傷つきやすい(vulnerability)身体であること、行為体(agency)である身体というのは、「公共圏における社会的現象のひとつとして構築され」ているのであって、[*6]私だけのものであるわけではない。二〇〇一年九月一一日のアメリカ同時多発テロ事件(9・11)ののち、アメリカ軍が、アフガニスタン紛争、イラク戦争に向かったことについて、バトラーは、テロで失った人命の追悼が、また別の人命を失わせる戦争へと帰結しているものと位置づけ、「悲しみの階層化」[*7]によって、人間が悲しみ追悼されるべき生とそうでないものとに分けられてしまっていることを指摘する。バトラーの「誰が人間としてみなされているのか? 誰の生が〈生〉と見なされているのか? つまり、何をして悲しむべき生とするのか?」[*8]という問いは、9・11と戦争に限られたものではなく、グローバルに亢進するネオリベラリズムという競争社会のなかでいっそう露わとなっている。プレカリアートとは、その最下層に捨て置かれている状態が浮上してきた問題系である。

国家や社会は弱者を救済してはくれないし、競争社会の上層にあるものの命の価値が常に優先される状態は、生存の不安となって潜在する。生存の不安は、さらなる弱者をつくることで自らの価値の底上げを図るための排外主義、レイシズム、ヘイト行為として立ち現れる。かねて「ネオリベラリズム」批判をしてきた笙野頼子は、二〇一六年に『ひょうすべの国――植民人喰い条約』（河出書房新社）を刊行し、震災以後、経済再生をうたうのは、その実大企業の設け主義でしかないことを批判し、国際的な金儲けのシステムに日本を身売りするような制度であるＴＰＰの反対を訴えた。震災後またぞろ増殖した「ヘイト」スピーチが体制を下支えするために「表現の自由」といってきた、それを「表現がすべて」略して「ひょうすべ」と名づけ、そうしたヘイトの跋扈する国としての日本を「ひょうすべの国」として象った。結局、ＴＰＰは流れたがヘイトはますます血気盛んである。それはＴＰＰの成就に由来するわけではなくて、ネオリベラリズムという人命軽視・経済優先のシステムが生み出したものだからだ。二〇一七年に発表した『さあ、文学で戦争を止めよう――猫キッチン荒神』（講談社、二〇一七年）で、笙野頼子は、排外主義、レイシストとは何かを端的に次のように説明する。

レイシストとは何か、それは経済収奪を隠すために、他者を中傷し、権力の強奪を正当化するものだ。差別と収奪の表裏一体性をコンパクトに具現した、「無駄のない」存在だ。[*9]

＊6　ジュディス・バトラー（本橋哲也訳）『生のあやうさ――哀悼と暴力の政治学』以文社、二〇〇七年、五八～九頁。
＊7　ジュディス・バトラー（本橋哲也訳）『生のあやうさ――哀悼と暴力の政治学』六八頁。
＊8　ジュディス・バトラー（本橋哲也訳）『生のあやうさ――哀悼と暴力の政治学』四八頁（訳文は適宜改変した）。
Judith Butler, *Precarious Life: The Powers of Mourning and Violence*, London and New York: Verso, 2004, p.20.
＊9　笙野頼子『さあ、文学で戦争を止めよう――猫キッチン荒神』講談社、二〇一七年、二七三～四頁。

世界中に跋扈する排外主義とは、経済収奪の生み出したものだったというわけだ。皮肉なことに、実際にはその経済収奪の食い物にされ、最下層に追いやられたものがヘイト行為に乗じている。なぜなら、ヘイト行為とは、経済収奪のシステムがバトラーの問う「追悼されるべき生」か否かという「悲しみの階層化」を日々つきつけられ、少しも命を惜しまれないと気づかされた層が、さらなる下の層としての外国籍、移民などの「他者」を見いだし排斥することによって、自らの階層を押し上げようとする行為だからだ。ヘイト行為をしている限り、上層の者と手を結ぶ特権を手に入れることができるが、だからといって階層を上昇させることができるわけではない。自らの生が結局のところ「追悼されるべき生」ではないのではないかという潜在的な不安のなかに沈んだままなのである。

離散と日本語がなくなる未来――岡田利規『地面と床』

岡田利規主催のチェルフイッチュ公演「地面と床」が二〇一三年一二月一四から二三日に神奈川芸術劇場で行われた。ベルギーはブリュッセル公演を皮切りにヨーロッパ七都市をめぐったあとの凱旋公演であった。

設定は、「遠い未来の日本」というより、「そう遠くない未来の日本」とされ、震災後の日本の行方を占う物語となる。エリートサラリーマンの兄（由多加）の妻（遥）は妊娠している。弟（由紀夫）は、勤めていた工場が海外移転して閉鎖されたため、二年半のあいだ失業中で兄に借金しながら暮らしていたが、ようやく土方仕事を手に入れた。

「未来の日本」の設定だと言われても、「二年半」という時間が示された途端に、由紀夫が失業したのは震災が原因だったのではないかと観客は想像しはじめる。ならば手に入れた仕事はおそらくは被災地の復興作業なのであろう。「破壊された、歪んだ道をこつこつ、元通りにならしていくんだよ。ひび割れた道路は、誰かが舗装しなおす必要がある」といいながら、その仕事を「みじめな仕事ではなく立派な仕事」だと自負する由紀夫の姿からは、逆にその仕事が誰もやりたがらない仕事で、ことによると放射能の高汚染地域なのではないかと思えてくる。

由多加と由紀夫の母親（美智子）は死んでいるのだが、幽霊となって姿を現し、長男の嫁である遥を責める。美智子の姿は遥にしか見えない。なぜなら美智子が恨み言を聞かせたいのは遥だからだ。さっぱりとした板の上に幽霊が現れると能舞台のようだ。夢幻能の伝統があるから、霊が語る舞台には少しも違和感がない。

遥は生まれてくる子どものために日本を出ようと考えている。その理由は明確には語られないが、観客はただちに、フクシマ以後の放射能災で故郷を後にした人々や母子だけが西へ逃げていった現実を思い出す。岡田利規もまた家族とともに西へと逃げて現在も熊本に暮らしているという。海外に友人がいるなら「すぐに日本を出ろ」と言われた経験もしていたはずだ。

遥は夫をおいて子どもと二人だけでも日本を出ようと考える。死んだ母親が夫を必ず引き止めようとするだろう。母親はいう。「この地面のしたでいつまでも静かにしていたい、そしてそのために、ときどきでいいからわたしのうえにかぶさる土、まわりの土を手入れしてほしい、わたしのたったそれだけの希望は、けっして高望みなんかじゃないでしょう？」

震災後に伝わる話として、被災しても土地を離れようとしない人々のなかに墓を守らねばならないという意識が強くあるということがあった。墓を守るというのは、徹底的に男性の思考だ。男の家に嫁ぐかたちで結婚した女たちにとって、その墓は自分の先祖の墓ではないからだ。実際に子どもと避難したいと考える女たちと折り合わずに夫婦が別居するケースもあったと聞く。

遥もまた「死んだ人が、生きてる人にする要求は、それだけでもう高望みだと思う。だからわたしは聞かないし、聞こえてきたくないから、幽霊がここにいる存在には気づきたくないの」と応じている。

この物語の最大の特徴は父が不在だということにある。墓という最も家父長的な主題を扱いながら、それが女たちの抗争として描かれているのである。なぜならこの物語は、母国の物語であり、母語の物語であって、あらゆる意味で母をテーマとしているからだ。

避難というかたちで母国を出るということは、母語ではもはや通じ合えない場所に暮らすということだ。国外に出ることは、その国のことばを捨てることを意味する。とくに日本語のように日本でしか話されていない言語であればなおさらだが、それは方言のレベルでも同じことだ。離散した福島のことばは次の代には引き継がれ得ない。私たちに「海外に逃げてこい」といった人たちは、そんなことまで考えていただろうか。日本がそこに在るなら、海外で暮らす日本人がいくらいたっていい。だが日本人のほとんどが避難することになったら、どうなるのか。そして二度と再びその地に戻れないとしたら。事実、福島県の一部は二度と戻れない場所となって人々が離散を余儀なくされたのだ。
字幕に次のように出る。

「あなたは思いますか?
日本語が、消えてなくなる」

「数千年後」
(「千」の字がすりかわって)
「数百年後」

「あなたは思いますか?
ミサイルが海をこえて飛んでくる」

「あなたは思いますか?
日本が　交戦状態にはいる」

(岡田利規「地面と床」『新潮』二〇一四年一月号、四九頁)

母国を去る理由は、放射能災だけではない。一般に亡命は、戦争中に生み出されている。そうやって国を捨てて世界各国に散った民族の歴史がすでにある。震災後にやたらと喧しくあおられる隣国との緊張関係は、日本ではヘイト・スピーチとして現出してもいる。息子のいのちを守りたいと考える母親なら、息子を戦争にやりたくないと思うはずだ。もう一つの離散の可能性もここには同時に示されている。

そうしているうちに日本人の母国は失われ、母語はごく少数民俗の話すことばとなっていくだろう。この物語で、それを突きつけるのは、さとみの存在である。さとみは由多加と遥の共通の友人で、震災後なにも変わらない現実に失望してひきこもっている。社会と関係を絶ってまるでこの世に存在しないかのような「ひきこもり」の人たちが、社会と交流しないがゆえに母語を我が身に生かしつづける存在となるというのである。それはもはやコミュニケートを断念したことばであり、しかしそれゆえに時代の変化を受けずに凍結されるのかもしれない。それは一般にラテン語などの死語の形態だ。日本語の末路はそのように想像されているのである。

土木作業に新しい職を得た由紀夫は「俺がこうやって働けば、それはそのぶんだけ、俺はこの国を元通りにできたってことなんだよ、そんな仕事にいま俺はくわわっているんだよ。(略)間違いないのは、この国を前みたいに戻そう、いやもっとがんばって前以上にしようという、ものすごいたくさんの力があつまっている、そのあつまりに自分もくわわれているっていう実感が、はっきりあるんだよ」と母の墓に誇ってみせる。しかしそう語るときの由紀夫の体は常に不安定に揺れていて、何かに屈したように縮こまっている。誇らしく伸びやかな動きをみせることのない由紀夫の身体は、国を造りなおすということの未来が少しも晴れやかではないことを暗示する。いま日本という国が経験していることの核心を凝縮してつきつける芝居だ。

難民化の想像力――深田晃司『さようなら』

深田晃司監督の映画『さようなら』(二〇一五年)は、原作を平田オリザの演劇作品『さようなら』からとっている。二〇一〇年に上演された平田のオリジナル版は、病で死にゆく女性にアンドロイドが寄り添い、詩をよんで聞かせるという、ごく短い芝居で、本物のアンドロイドが人間と芝居をするのが見所だった。東日本大震災を経てからの上演では、女性の死後に、宅配業者がやってきて、残されたアンドロイドが次の任務につくために運ばれていく設定が加わった。行き先は、「双葉町」だ。福島第一原子力発電所の立地町で、全町避難した町として私たちはよく知っているが、海外上演版の字幕には、ここに「Fukushima」と補足がつく。配送業者は次のように説明する。「だれも人のいないところにいくんだ。そこで詩を読み続けてほしいんだ。たくさんの人が亡くなったんだけど、そこでは。おれたちは入れないし、詩も読んであげられないから。頼みます」。「五キロ圏内からは入れないから、君の仲間のロボットが配送します」。

「たくさんの人が亡くなった」というのは、そこが津波の被災地だからだろう。人が立ち入れないエリアだというのは、同時に放射能災の被災地でもあるということだ。立ち入り禁止区域の津波の死者たちは供養されることがない。だからアンドロイドを送り込んで詩を読んで慰撫しようというのだろう。震災後版において、死にゆく女性と死なないアンドロイドの対比は、死にゆく(mortal)、傷つきやすい(vulnerable)身体の人間と、放射能にも耐性のあるアンドロイドとの対比として変奏されたのである。実際に、現在、福島第一原発の事故処理において、放射線量が高すぎて人の立ち入れない炉内などにはロボットが入り込んで作業をしているのである。*10

深田晃司はここに、日本で一三ヶ所の原発が爆発し、放射能汚染が広がり、もはや人の住める状態ではなくなったために日本中の住民が順次各国へ避難していく物語をつけ加えた。主人公のターニャは南アフリカ生まれで、一〇歳のときに両親とともに難民として日本にきた。父親が不治の病にあったターニャにアンドロイドのレオナを買い与え、以後、ともに暮らしてきた。もともと歩けるロボットだったが、脚の部分が壊れ、原発爆発後は業者にも連絡がつかなくなっているという設定でレオナは電動車椅子に乗っている。ターニャは、日本語、英語、フランス語、ドイツ語を話し、ターニャの発話する言語に合わせて、レオナが返答するから、多国語の流れる特異な日本映画となっている。

映画の序幕に、避難のために成田空港へ向かう人々の様子を報道するテレビ画面が流れ、その後も何度か線路沿いをマスクをした家族連れが大きな荷物を抱えて延々と歩いていくショットが入り、次々と人々が日本を離れていくことが示唆される。

ターニャに変わって買い物に行ってきたレオナは「小林さん」という知人がフィリピンに避難先が決まったという情報を持ち帰る。しかし「小林さん」の祖父母は、祖母がもう歩けないからというので残ることになったという。人が住めない国になったにもかかわらず、相変わらずそこに暮らし続けざるを得ない人はやはり老齢の弱者だ。

住人には避難番号が割り振られており、受け入れ国が決まると順次発表されていくしくみである。家族には連番が与えられ、同じ国に避難できるように配慮されている。平田オリザが用意したという現実の首相談話の草案から類推するに「妊娠中の方、乳幼児を連れた方」がまず優先的に避難したに違いない。続いて、放射能の影響を受けやすい若い世代とその家族から避難が行われたのであろう。あるいは富裕層であれば、避難の通知が来る前にすでに他国へ渡っていっている可能性もある。だからターニャの友人の佐野さんは「私みたいな独身の中年女なんて、もうぜんぜん、あとまわしよ」と言うのだし、佐野さんに誘われて見に行った「第七次避難者」の発表の会場では、次のように叫ぶ男が登場するのだ。

「こんな選考いんちきだ。おまえらみんなわかってんだろ、だまされてんだよ。金持ちばっかり選びやがって！　貧乏人は見殺しかよ！　おまえらだってそうだろ？　死ぬんだよ、ここ

＊10　恩田陸『錆びた太陽』（朝日新聞出版、二〇一七年）は、数度の原発事故を重ねた挙げ句、二一世紀半ばを迎えようとしたころに「最後の事故」である原発大破があり、日本の国土の二割近くが立入制限区域になった近未来を描く。舞台は北関東立入制限区域内。ここでは事故処理のためにヒューマノイド（人型ロボット）が働いている設定である。本作では、人間とヒューマノイドの対立項に、さらに感情をもたなず死なないゾンビを登場させている。原発が爆発したときに亡くなった三万人余りの人々はそのまま制限区域ぎりぎりの場所にまとめて埋葬されていたのだが、放射能の影響でかゾンビ化して立入制限区域で活動しているのである。生前の記憶はほとんどないが、ただ「自分たちがひどい目に遭ったということだけは分かっている。不条理に、無慈悲に、破壊されたことだけを覚えている。だから、人間たちに、日本国に、復讐したいという衝動だけで動いている」という亡霊を登場させることで、原発批判を代弁させ、かつまた政府の無謀な政策を阻止する役割をもするのである。人間にプログラムされたヒューマノイドには批判的な立場をとることができない。その代わりに死者がそれを行うという設定は、怨霊信仰などにも似ている。

で、このまま、逃れられないんだよ！」

この時点で、すでに避難者の発表は「第七次」に及んでいる。とっくに避難できた者と、いまだ番号がまわってこない者との違いはなにか。政府は平等に選んでいると言っているが、人々は自らの命の重さが格付けされ、序列化されていることを、避難の順番が来ないことによって思い知らされるのである。それは、現実の放射能災で人々がうすうす感じている不安だろう。いざというときに、自分は見捨てられるかもしれない。避難する価値のない人間なのではないかという潜在的な不安である。佐野さんはかつての結婚生活で息子を二人産んでいるが、下の子をネグレクトで死なせており、そのせいで順番がまわってこないのだと思っている。ターニャは難民だから避難の順番がなかなかまわってこないのだと思っている。

佐野さんの、「ほんとに難民になっちゃうんだね、わたしたち。なんか避難してもいじめられてるみたいだよ、外国で」という慨嘆は、福島第一原発事故に由来する放射能災で避難した人々の経験でもあるだろう。人々は、早く順番がまわってきて避難したいと願っているが、しかし避難ができたとしても、手放しの幸せが手に入るというわけではない。避難先で、いじめというかたちでその傷つきやすい（vulnerable）身体を生きねばならないのである。そこに排外主義やヘイトがかすめることを、この映画はターニャと恋人の敏志《さとし》の挿話で語っている。

事故前には、敏志はターニャのそばに住んでいたのだが、事故後に静岡の家族のもとに戻っている。実家は原発にごく近く、実家の周囲の町はごっそりと人がいなくなって廃墟然としている。

まるで福島の帰還困難区域のような人のいない町を敏志は「バカヤロー」と叫びながら自転車で徘徊する。敏志は韓国人の母親と日本で生まれた在日韓国人の父親のもとに生まれており、国籍は韓国にある。ターニャと会っていると母親から電話がかかってきて、すでに認知症が悪化している父親が韓国に帰りたいといって朝から泣き止まないのだという。父親は日本に生まれているから実際には韓国を知らない。帰化する話があったときにも、韓国で育った母親は賛成したが父親が反対したのだという。敏志の「今となっては帰化しなくてよかったけどね」というのは、日本の国籍を所持していないことでいつでも日本を捨てられることを意味しているだろう。ターニャは敏志に「結婚したい」と告げる。敏志はあっさりと「いいよ、しようよ、結婚」というのだが、実際には、避難が決まると家族と日本を離れてしまう。

難民化する物語において、南アフリカから逃げてきた難民のターニャと在日韓国人を登場させることによって、日本から避難することが、決してすべての人にとって故郷を捨てることを意味しないという、ごく当たり前でいながら見過ごされがちな日本に住まう人々の複層性を織り込んでいる。

敏志はターニャを置いて行ってしまった理由を語らないが、可能性として映画が提示するのは差別にかかわるやりとりである。ターニャがはじめて自分が難民であることを敏志に告げたとき、逃げてきた理由をアパルトヘイト撤廃後の南アフリカで黒人による白人虐殺があったためだと説明している。ターニャは父親が酒に酔うと「白人だって差別されるんだ」「白人もいろいろひどいことをしてきたけど、結局黒人だって一緒だ」といつも言っていたことを言い添えている。このことばを聞いた瞬間、敏志は急に立ち上がり出て行ってしまう。在日韓国人の敏志にとって、白人と黒人の話はそのまま日本人と在日韓国人の問題だからである。ターニャの父親のことばは、おそらくターニャも信じていることであろうが、それは敏志にとっては「日本人もいろいろひどいことをしてきたけど、結局在日韓国人だって一緒だ」といわれているかのように響いたはずである。敏志は帰り際に、レオナに南アフリカの白人虐殺が本当のことなのかを尋ねている。アンドロイドのレオナに尋ねるのは、敏志が当事者の言い分や記憶を信用していないからだ。それは在日をめぐる抗争、虐殺を巡る抗争がどちらの立場にいるかによって絶えずすれ違い続けているためだ。

敏志が出て行ったあと、ターニャは本当はどうだったのかと考えはじめる。ターニャの南アフリカの記憶はすべて両親の語ったものでしかないことにあらためて気づかされたからだ。

「ほんとのところ、どうだったのかなぁ、パパやママ、私たちはなんでふるさとをでて難民にならなくちゃいけなかったんだろう。私たちは被害者なの？　加害者なの？」

この問いに対してレオナは、「被害者かどうかということなら被害者だと思います。でもだから加害者じゃないかどうかは、すみません、答えられません」と言うのである。敏志が去って行き、佐野さんは、自殺してしまう。避難所で行われた盆踊り大会で、やぐらにつけられた火に魅入られたかのように飛び込んで死んでしまったのだ。別れた夫と長男とがインドネシアに避難が決まって取り残された絶望もあっただろう。

知り合いが一人もいなくなり、ターニャはレオナと残される。[*11] レオナに詩を読んでもらい、レオナと会話しながら、ターニャは二人で生きていると思ってきた。しかし、レオナの話というのは、実際には、インプットされた情報とターニャのことばを学習して蓄積したもののアウトプットにすぎない。いま恋人にも友人にも取り残されたターニャは死にゆく病気を抱え、寂しさを感じている。けれどもレオナにとって、感情はあくまでもターニャから学習したパターンなのであって、ターニャの気持ちに心を寄せることはない。ターニャがレオナと分かち合っていると信じていた感情はすべて機械的アウトプットにすぎないことにはじめて気づかされるのだ。ターニャは「じゃあ私は全部自分の気持ちにうなずいてたのね。ばかみたいね」とつぶやく。自問自答ではなくて、別の人格と会話をしているように感じていたのは、レオナによれば、アンドロイドは一度メモリしたことは忘れないが、人間は忘れるのでズレが生じるためなのだという。ターニャは、たった一人に残されてなお、レオナもまた自分自身のコピーに過ぎなかったと知るのである。

社会との交渉が断絶されたターニャの暮らしは、ほとんどひきこもりの人のそれである。アン・アリソンは、『不安定な日本』において、月乃光司を引いて、ひきこもりは「家の中のホームレス」[*12] と化していると指摘し、「家庭は剝き出しの生（アガンベン）に還元されている、隔絶は

＊11 ただし、誰もそこに住んでいないわけではない。ホームレスが住み着いていることを示すショットがある。避難番号すらもらっていないかもしれない人たちがいることも考える必要があるだろう。

家庭にはじまっているのだ。家庭はどこにもつながっていない」と述べている。*13

ススキの穂がゆれる秋に諏訪市霧ヶ峰高原で撮られたという風景は、荒涼としていていかにも世界の終わりのようだ。ターニャは衰弱しきるまで、毎日レオナと父親が好きだったという竹林をみにでかけていた。父親がかつて話してくれた竹の花がみたいと思っているからだ。竹の花は数十年あるいは数百年に一回、いっせいに花を咲かせるのだという。人間の生きている時間にそれを目撃できる可能性は極めて低い。

この竹林までの散歩の場面の少し前から、画面が奇妙に歪んでいる。家からつづく道をレオナの車椅子を押して歩くターニャの後ろ姿は、道の中途でシークエンスを一度途切れさせ、ふわりと消えた二人を少し先に出現させている。茶系の服を着て枯れ草の色に溶け込んだ二人の姿が、画面から一瞬、ふっと消え、再び現れるという、この亡霊的なショットは、この二人がもう死後の世界にいるかのような、あるいは夢のなかのような不思議な感覚を残す。あるいはここに二人がお互いのなかに溶解している憑依の関係にあることを読み解くこともできるだろう。この散歩で、ターニャはレオナに竹の花のことを話しているのだ。ターニャは父親が子どもの頃、旅先で竹の花を見たとき、「すごいきれいで泣きそうになった」のだとレオナに伝えている。レオナは「きれいだと泣くんですか」と質問し、感動すると泣きそうになるということを学習する。アンドロイドは学習するだけで、独自の意思や感情は持たない。だから一人取り残されても何とも思わないはずだ。人間の時間を優に超えて竹の花の咲くのをみることもできる。竹が花を咲かせるまでの「数十年とか数百年」といった長い時間は、人の一生では経験できない長い時間の象徴であり、あるいは放射性物質の半減期までの途方もない時間でもあるだろう。ターニャの死後、彼女の死体が腐敗しだし白骨化してこの世から物質として消えていく過程を見せるのは、その長い長い時間の経過を示すためである。どういうわけか、ターニャの死後もレオナは毎日竹林をながめにいっていたらしい。レオナはある日ついにいっせいに咲きほこる竹の花を目撃する。車椅子が何かにひっかかり投げ出されてしまってもレオナは、這いずって竹林へと向かっていく。一心に竹林へと向かっていくその姿に、ターニャがずっと見たがっていた竹の花をなんとしても見たいという意思を感じ取ってしまうのはやはり間違いなのだろうか。少なくともラストシーンで満開の竹林を見つめているレオナの表情に、観客はプログラムを逸脱したアンドロイドの奇跡を読んでいるのである。

しかしレオナの感情表現がターニャのそれのコピーでしかないのだとしたら、いま満開の竹の花をみているレオナは、レオナの中にインストールされているターニャなのかもしれない。つまりアンドロイドとしてのレオナは予めターニャに憑依されて完成するのであり、ターニャの死後に彼女の魂はレオナのなかに残されたとみることもできるのであって、レオナはその組成として予めターニャの亡霊なのである。『地面と床』でひきこもりに保存される日本語の可能性が示されたとすれば、『さようなら』では誰もいなくなった日本の地でアンドロイドが保存する日本語

＊12　月乃光司『家の中のホームレス——神様、僕を引きこもりにしてくれたことを感謝します』新潟日報事業社、二〇〇四年。

＊13　Anne Allison, *Precarious Japan*, Durham and London: Duke University Press, 2013, p.85

と日本人の幻影を表しているだろう。*14

ターニャの死後、レオナの服が破れ髪は乱れ、しだいに朽ちていっている。アンドロイドは放射能に強い。だから放射能で世界が汚染されても、避難する必要は無く一人残されてしまうことになる。人間が死に絶えても死ねないレオナの姿は、たとえば多和田葉子が放射能災を描く小説において、死ねない老人を描いていたことと重ねて読むこともできるだろう。放射能災とは、死んでしまうかもしれないことが問題なのではないのだ。死にゆく(mortal)、傷つきやすい(vulnerable)身体が、価値化され選別されることの恐怖こそが問題なのだ。ターニャは避難番号がまわってこないだけでなく、病院の治療からも取り残され、恋人には捨てられてしまった。ともに暮らしているレオナまでも自分のことばのこだまに過ぎないと知ったターニャは、誰もいなくなった土地で、社会的身体から剥離し、行為体(agency)である身体を喪失して、ジョルジョ・アガンベンがいう「剥き出しの生」となっている。残された道は、したがってただ死にゆく(mortal)身体となる他なかった。それは不死(immortal)であるはずのレオナがたった一人で残されたあとに辿る道でもある。満開の竹林を見つめるレオナの姿に、取り残されたアンドロイドの悲哀を私たちは読み取ってしまうだろう。ただ生かされている生を生きていたターニャと同じように、レオナもまた完全に壊れるまで、ただ生きているのである。そのようにして、ここでは不死身のアンドロイドにこそ「剥き出しの生」が問われているのである。生命体ではないにもかかわらず、『さようなら』において社会から孤絶した身体としての「剥き出しの生」を表象するのは、死ねずに生き続けるアンドロイドのほうなのだ。『さようなら』の描く放射能災後の物語が示唆するのは、ただ生きるためだけに生きる「剥き出しの生」への転落への恐怖なのである。

＊14　失われた日本語を個体の記憶に保存する発想は、レイ・ブラッドベリ『華氏451度』（一九五三年）で、この世の本という本が焚書で消えていくときに、一冊の本をまるごと暗記して次世代に伝えようとする人々が登場するのに似ているとトゥールーズ大学の大学院生が指摘していた。震災後、森村泰昌をディレクターとして開催された二〇一四年のヨコハマトリエンナーレのテーマが「華氏４５１の芸術：世界の中心には忘却の海がある」であったこととも呼応するだろう。

あとがき

前著『震災後文学論』は、熱に浮かされるように一気に書き上げた。書き終えて憑きものが落ちたように感じたということは、なにかにとり憑かれていたにちがいない。憑いていたものの正体はいったい何だったのだろうと考えてみると憑きものが落ちたどころかそれは今も私に、そして東日本大震災後の日本社会につきまとっているのかもしれない。震災後にあらわされた文学、映画、美術はそんな社会を映している。だからそのとり憑いているモノ、とり憑かれた状態について、そうしたさまざまな作品をとおして考えることとなった。おそらくそれは、今後も付き合っていかねばならないモノなのだと思う。戦後社会が、戦争の記憶から逃れられないように、広島や長崎が被爆の記憶を背負っていかねばならぬように。あるいは戦後の経済復興がどこかで戦争を過去のものとして忘れ去ることにあったのだとしたら、その同じ轍は踏まないようにしなければならない。たとえ悪魔払いできたと思っても、見えないかたちでそれは潜んでいるのだから。そのことを本書では憑在論ということばで考えてみた。

震災後文学といっても、扱った作品は小説に限らない。映画、舞台、美術作品も視野に入れて、読んできた。

たまたま私がフランスに縁づいていて、二〇一七年の四月からの一年間、パリの東洋言語文化大学（INALCO）に所属しているせいもあってフランスの例が多くとり込まれることとなった。ヨーロッパ社会では、震災後についてポスト3・11という言い方よりも、ポスト・フクシマと言われることが多く、地震、津波、原発事故の三つの災厄では、原発事故と放射能災にとりわけ関心が高い。なぜなら、放射能災は一国のあるいは一地方の惨事にとどまらない人類の危機であり、世界に共有された大問題だからだ。たとえば福島第一原子力発電所事故を受けて、原発廃止を決めた国であっても、使用済み核燃料の処理の問題は残っている。その意味で広大な田畑に積み上げられた汚染土の入ったフレコンパックの山は、処理しきれない危険物に頭を悩ませている世界的難問の象徴でもある。

海外の日本研究の場では、すでに震災後日本についての研究は確立しており、二〇一七年の夏にポルトガル、リスボン大学で開催されたヨーロッパ最大の学会、ヨーロッパ日本学会（EAJS）では文学研究以外にも、社会学、人類学、メディア論などさまざまな分野で、ポスト・フクシマ、ポスト3・11を冠した発表がいくつもあったし、またヨーロッパ各地でそれに特化した学会も組織されている。文学研究でも震災後文学は一ジャンルを形成していて、さまざまな作品が論じられている。もともと日本の日本文学研究では、ごく最近まで、古代から近代文学までを範囲とすることが慣例となっていて、最新の現代文学について論じるのは批評家の役目とされていた。ところが、世界各国で行われている日本文学研究では、学生たちのニーズもあるし、かつまたあたらしい小説を翻訳し紹介する役目も負っているから、現代文学を講じることがふつうで、古典から現代文学まで手広く教えている先生も多い。そのせいもあって、こと文学研究に関しては、震災後の新しい作品にとりくむ動きは、海外の研究者のほうがはやかった。だから震災後文学の研究は、はじめから海外の研究者との交流の上に行われている。

各国の研究者との交流をとおして、私のなかで、なにをどのように論じるべきかの考えも深まっていった。海外の研究は、日本研究として行われているから、比較研究の方法は必ずしも一般的ではないのだが、私としては、できる限り、震災後の問題を日本だけでなく、広く世界の動きのなかでみていきたいと思っている。世界といっても、私の扱える言語が英語とフランス語に限られているせいで、その一角を辿るにすぎないのだけれど、いずれの言語にも東日本大震災を扱った作品があり、それらと連関させながら世界文学のなかの震災後文学論を位置づけたいと思っている。といっても、私になにが論じられるかは、作品次第なのである。あくまでも作品が主体で、その作品が表象していることを読み解き、考えを引き出していくテクスト論の方法をとっているからである。テクストの読みは読者によって違っていいし、読む度に違ってもいい。だから今回提示した読みが、その作品の唯一の読みであるとは考えていない。いくつもの読みがあり得て、作品は読まれれば読まれるほど豊かになっていくし、いくつもの読みをぶつけあうことで研究の場も活性化すると考えている。ときどき作品にもとづいてしか何かを発言できないことにもどかしさを感じないわけでもないが、どのみち考えるための言語はいつも読んだもののなかから学んでいるのだから、読むことで考える文学の方法はまちがってはいないだろうとも思う。

前著で、大学で震災後文学を講じると「偏向している」と文句がでると愚痴っていたのもつかの間、六年もたつうちに、震災は学生たちにとって遠い過去になっていった。むろん東北出身で傷の癒えない学生もいるが、むしろ「ぜんぜん知らなかったので、ぜひ勉強したい」という声がマジョリティとなった。震災を描くのは不謹慎だと言われていたのがウソのように、「このような作品が書かれることで私たちにも伝わるから大切だ」という感想が主流になった。被災地出身の人が体験を話すと、目に涙をためて心を強く揺さぶられてしまう学生もいる。九州出身でそれまで震災のことを考えたことがなかったという。被災地出身だけれど、たいした被害がなかったために自分には語る資格はないと思い込んでいた学生が、スヴェトラーナ・アレクシエーヴィチ（三浦みどり訳）『戦争は女の顔をしていない』（岩波現代文庫、二〇一六年）を読んで、どんな体験も歴史なのだと知ったといって、車の中でゲームをしたり、公園の水道の冷たい水で髪を洗ったりした非常時のわくわくするような子どもらしい体験を話してくれたこともあった。

カナダのブリティッシュコロンビア大学の院生たちと、津田塾大学の学部生、院生とで、インターネットをとおして合同授業を行い、震災後に詠まれた短歌集『変わらない空――泣きながら、笑いながら』（講談社、二〇一四年）を読み、意見交換したりもした。被災の事実を直接読み込んで感傷的になりがちな日本側の読みに対して、和歌の伝統を踏まえた読みがカナダ側から出てくるなどの差もおもしろかった。

時間がたつにつれて学生たちと落ち着いた議論ができるようになった。それは単に震災が忘れられたといった忘却の問題だけではなく、時間的な距離感の問題なのだと思う。東日本大震災は若い学生たちにとってすでに歴史なのだ。その意味で、震災後文学論はまだまだこれから可能性が開かれていくと考えている。今回、論に含めきれないでどうしても入れることができない作品がいくつもあったのが心残りだ。今後の課題としたい。

発表や講演の場をつくったり、書いたものを読んでは感想をくださった研究の、あるいは旧知の仲間には、とても大切なことにとりくんでいるのだといわれているようで大いに励まされた。折々に書評や評論を書かせてくださった編集者の方々には考える機会をいただきありがたかった。最後に一度ならず二度までも出版を実現して下さった編集者の菱沼達也さんの蛮勇に感謝したい。

木村朗子

二〇一七年一二月二五日

初出一覧

はじめに　以下をもとに再構成。
「『震災後文学論』のあとで」『新潮』二〇一四年四月号
「世界文学としての震災後文学」『社会文学』第42号、二〇一五年
第一章　以下をもとに再構成。
「難民化時代の女たち」『早稲田文学』二〇一五年冬号
「日常を生きるということ」（金原ひとみ『持たざる者』書評）『文學界』二〇一五年六月号
「その荷は私たちに託された」（津島佑子『半減期を祝って』書評）『群像』二〇一六年六月号
「滅亡の果て　未来への希望」（川上弘美『大きな島にさらわれないよう』書評）「共同通信」二〇一六年五月
「津島佑子の遺作」『しんぶん赤旗』二〇一六年九月四日
第二章　以下を日本語訳した上で再構成。
"Uncanny Anxiety: Literature after Fukushima", Barbara Geilhorn and Kristina Iwata-Weickgenannt, ed., *Fukushima and the Arts: Negotiating Nuclear Disaster*, London and New York: Routledge, 2016.
第三章　「五年後の震災後文学論」『新潮』二〇一六年四月号
第四章　以下をもとに再構成。
「戦争未体験の作家たちは、なぜ今「あの戦争」を描くのか？——戦後七〇年からの戦争文学」『講談社現代ビジネスネット記事』二〇一六年八月一九日
「死者の語る戦争」（高橋弘希『指の骨』書評）『群像』二〇一五年四月号
第五章　「震災後文学の憑在論」『新潮』二〇一七年四月号
第六章　「フクシマ以後の崇高と不安の憑在論」『日本文学』二〇一七年一一月号
（いとうせいこう『どんぶらこ』書評（「共同通信」二〇一七年六月）を含む）
第七章　以下をもとに再構成。
桐野夏生『バラカ』書評『しんぶん赤旗』二〇一六年三月二〇日
「『震災後文学論』のあとで」『新潮』二〇一四年四月号
「弱者に身をよせられるかどうか」（笙野頼子『さあ、文学で戦争を止めよう』書評）『しんぶん赤旗』二〇一七年九月一八日

作品名索引

＊単行本・映画などは『　』、短篇集に収録されている作品やまだ単行本化されていない作品などは「　」とした。また（　）内は作者名・監督名などである。なお、斜体は脚注の頁数。

サ行

タ行

ナ行

ハ行

マ行

ヤ行・ラ行

アルファベット

著者　木村朗子（きむら・さえこ）
1968年生まれ。津田塾大学学芸学部国際関係学科教授。専門は言語態分析、日本古典文学、日本文化研究、女性学。著書に『恋する物語のホモセクシュアリティ』、『震災後文学論』、『女子大で『源氏物語』を読む』（以上、青土社）、『乳房はだれのものか』（新曜社）、『女たちの平安宮廷』（講談社選書メチエ）。

その後の震災後文学論

2018年1月22日　第1刷印刷
2018年2月 9 日　第1刷発行

著者――木村朗子

発行人――清水一人
発行所――青土社
〒101-0051　東京都千代田区神田神保町1-29　市瀬ビル
［電話］03-3291-9831（編集）　03-3294-7829（営業）
［振替］00190-7-192955

印刷・製本――シナノ印刷

装幀――戸塚泰雄（nu）

ISBN978-4-7917-7044-1　C0095